Angela Rechmann

Impulse für ein neues Leben

Angela Rechmann

Impulse für ein neues Leben

Antwort auf ein Leben mit Parkinson

Heiner Labonde Verlag

Meiner Familie

ISBN 978-3-937507-35-4

Texte, Bilder und Fotos: Angela Rechmann
Zeichnung S. 118: Eckart Löser
Fotos S. 39, 42: Holger Karl
Autorinnenfoto: Bernhard Rechmann

Gestaltung: Antje Zerressen, Pada ri GmbH, Essen
Printed in Germany

Inhaltsverzeichnis

---

neuanfang

ich lasse mein Leben
Revue passieren
gute Zeiten
schlechte Zeiten

nie müde werden
sondern
sich aufrichten

immer
von neuem

1. Zu diesem Buch

Wer die Krankheit nicht kennt,
weiß den Wert der Gesundheit
nicht zu schätzen.

Angela Rechmann

Nachdem ich vor gut 22 Jahren im Alter von 38 Jahren die Diagnose »juveniler, idiopathischer Morbus Parkinson« erhielt, ahnte ich noch nicht im Geringsten, was auf mich zukommen würde.
Auch wenn es sich in den ersten Jahren nach der Diagnose noch recht leidlich mit dieser chronisch fortschreitenden Krankheit leben ließ, veränderte sich doch mein Leben Schritt für Schritt radikal, zumal bestehende Symptome sich nach und nach verschlimmerten und eine Reihe neuer sich hinzugesellte. Alltäglichkeiten gewannen plötzlich einen neuen Stellenwert, vorher wichtig erscheinende Angelegenheiten verloren an Relevanz. Die Krankheit fiel in meinen Alltag ein und besetzte ihn auf Dauer.
Wie ich seit der Diagnose mein Leben gestalte, welchen Schwierigkeiten ich bei der Bewältigung meines Alltags ausgesetzt bin, welche Einschränkungen ich täglich aufs Neue hinnehmen muss, mit welchen Sorgen und Nöten ich zu kämpfen habe und wie ich diese mit meiner Krankheit verbundenen Probleme meistere, das sind einige wichtige Fragen, denen ich in diesem Buch nachgehe.
Als sich mein Gesundheitszustand nach 14 Jahren Parkinson dramatisch verschlechterte und der Leidensdruck so groß wurde, dass ich alles mit mir hätte machen lassen, was mir Erleichterung zu bringen versprach, willigte ich in ein operatives Verfahren ein: die Tiefe Hirnstimulation (THS), von der ich mir eine Linderung der Symptomatik erhoffte.
Diese Operation brachte tatsächlich erneut eine Wende in mein Leben. Ihr Erfolg war verblüffend. Ich fühlte mich wieder wie ein halbwegs gesunder Mensch und hatte die längst verloren geglaubte Lebensqualität wieder zurückerlangt. Mein Mann und ich wussten vor lauter Freude nicht mehr, ob wir lachen oder weinen sollten. Ich fühlte mich nach der Operation wie neugeboren, und ich bin auch über sechs Jahre danach unvermindert glücklich, dass ich diesen Schritt gewagt habe.
Dieses Ja zur Operation war eine Entscheidung, die ich bisher noch keine Sekunde bereut habe, sie war und ist ein Segen für mich und meine Familie.

Da die THS gut vorbereitet sein will und auch die Nachsorge für ihren dauerhaften Erfolg und das Wohlergehen der Patienten von entscheidender Bedeutung ist, widme ich den zweiten Teil dieses Buches besonders allen Fragen zur THS und den Erwartungen an eine gelingende Operation.
Leider erhalten viele Patienten im Vorfeld einer THS nur unzureichende Vorinformationen. Diese und auch Lücken und Unzulänglichkeiten in der Nachsorge werden ebenso unter die Lupe genommen wie Probleme bei der stationären Nachbehandlung.
Ein Kapitel befasst sich mit der Entwicklung neuer Neurostimulatoren und deren Optimierung, ein weiteres hat die »frühe THS« zum Gegenstand.
Im Schlussteil »Ausblick« stelle ich noch einmal aus Patienten- und Betroffenensicht Forderungen an die einzelnen Zielgruppen zusammen, die in unterschiedlicher Form in die THS involviert sind oder diese begleiten (Patienten, Ärzte, Krankenkassen, Hersteller der Neurostimulatoren und andere).
Die Darstellungen, Erläuterungen, Vorschläge, Forderungen in diesem Buch erheben keinen Anspruch auf Vollständigkeit und entspringen ausschließlich meiner persönlichen Erfahrung und dem Austausch mit anderen Parkinson-Patienten.
Ich zeichne in diesem Buch meinen Leidensweg nach und schildere meinen Umgang mit dieser unheilbaren und fortschreitenden Krankheit, die meinen Lebenswillen und Lebensmut nicht zu brechen in der Lage war und ist. Der persönliche Gewinn, den ich aus der erfolgten THS ziehen kann, die zurückeroberte Beweglichkeit und die damit verbundene Freiheit können andere Betroffene ermutigen, bewusster mit Parkinson zu leben und ein glücklicher Mensch zu sein und zu bleiben, trotz und mit dieser Krankheit.
Die vorliegende überarbeitete und erweiterte Fassung des Buches »neugeboren! – Antwort auf ein Leben mit Parkinson« entstand, weil ich nach der Veröffentlichung von »neugeboren!« von zahlreichen Lesern und Leserinnen darauf angesprochen wurde, ob ich nicht einen Nachfolgeband schreiben könne, in dem ich über meine weiteren Erfahrungen mit und nach der THS berichte.
Mit der hier vorliegenden erweiterten Neuauflage unter neuem Titel entspreche ich der Bitte dieser Leserschaft aus Patienten, Angehörigen, klinischem Personal und Pflegekräften sowie interessierten Laien und hoffe, ihre Erwartungen an den Inhalt der Darstellung erfüllen zu können.

Aus Gründen des Schutzes von Persönlichkeitsrechten wurden die meisten Namen der im Buch genannten Personen geändert.

Freudentränen

du hast gelacht
und ich habe mit dir gelacht

du hast geweint
und ich habe mit dir geweint

doch jetzt wissen wir beide nicht
ob wir lachen oder weinen sollen

2. Einführung in das Krankheitsbild Morbus Parkinson

Parkinson ist eine neurodegenerative (mit dem Verlust der Funktion von Nervenzellen einhergehende), progredient (fortschreitend) verlaufende Krankheit, deren Kardinalsymptome der Tremor (Zittern), die Akinese (Bewegungsarmut, Bewegungsverlangsamung) und der Rigor (Steifheit) sind. Es heißt, jeder Parkinson-Kranke habe seinen eigenen Parkinson. Das bedeutet: Der eine leidet mehr unter Zittern und ist deshalb nicht in der Lage, etwa sein Geld allein aus der Geldbörse zu holen oder sein Hemd zuzuknöpfen. Der andere zeigt eine starke motorische Verlangsamung und braucht deshalb beispielsweise ungewöhnlich lange, sich anzukleiden, seine Mahlzeit einzunehmen. Der dritte mag aufgrund seiner Steifheit kaum in der Lage sein, von einer sitzenden Position in den Stand zu gelangen oder sich im Bett umzudrehen.

Bis vor wenigen Jahren ging man oft irrtümlich davon aus, dass Parkinson eher eine Krankheit ist, die meist erst etwa ab dem 60. Lebensjahr auftritt und mit Zittern der äußeren Gliedmaßen (wie der Hände) beginnt, weshalb sie auch als »Schüttellähmung« bezeichnet wurde. Dieses Bild einer Alterserkrankung gilt heute als überholt, da lange nicht jeder Parkinson-Patient an einem Tremor leidet und das 60. Lebensjahr überschritten hat. Vielmehr erkranken immer mehr jüngere Menschen, nicht selten unter vierzig Jahre, an dieser heimtückischen Krankheit, die sich schleichend entwickelt und unaufhaltsam fortschreitet. Oftmals wird sie nicht einmal als Parkinson-Erkrankung erkannt, so dass viele Patienten im Frühstadium der Krankheit eine Odyssee von Arztbesuchen und Untersuchungen hinter sich haben, ehe die anfängliche Fehldiagnose (und damit Fehlbehandlung) revidiert und Morbus Parkinson als Urheber des Leidens ausgemacht wird.

Was sind die Symptome dieser Krankheit, die sich oftmals nicht eindeutig zuordnen lassen?

Die drei Hauptsymptome dieser Krankheit sind, wie schon erwähnt, der Tremor (Zittern von Gliedmaßen und Extremitäten), die Akinese, Bradykinese oder Hypokinese (Bewegungsarmut und Verlangsamung aller Bewegungen) und der Rigor (Steifheit), der sich durch einen erhöhten Muskeltonus (Hypertonie der Muskulatur) auszeichnet. Bei passiver Bewegung der Arme oder Beine (der Arzt führt diese Bewegungen mit den Armen und Beinen des Patienten durch) zeigen sich oft rhythmische Sperren oder Widerstände im Bewegungsablauf, die als »Zahnradphänomen« beschrieben werden.

Merkwürdigerweise kündigt sich die Krankheit aber gar nicht immer mit diesen genannten Symptomen an, sondern beginnt oft mit Schulterschmerzen oder mit vermeintlich atypischer, manchmal auffälliger Gangart, dem Nachziehen eines Beines oder dem Nicht-Mitschwingen eines Armes beim Laufen oder mit einer ungewöhnlichen Haltung und Stellung der Finger (»Pillendrehbewegung«). Sehr häufig treten die Symptome auch nur einseitig (das heißt: die rechte oder die linke Körperhälfte betreffend) auf.

Nach und nach kommen dann viele andere Krankheitszeichen hinzu: das Zittern, vornehmlich der Hände oder auch Beine (manchmal auch in Form eines wackelnden Kopfes), dann die starke Verlangsamung aller Bewegungsabläufe, sichtbar werdend beim Essen oder beim Anziehen (hier besonders beim Zuknöpfen oder Aufknöpfen von Kleidungsstücken oder beim Schließen und Öffnen von Reißverschlüssen) und als drittes Symptom die Steifheit oder Starre, die sich oftmals in den unbeweglichen, wie eingefroren wirkenden Gesichtszügen (auch »Maskengesicht« genannt) oder in Kau- und Schluckstörungen äußert. Oftmals ist es dem Patienten, der schon unter einem fortgeschrittenen Morbus Parkinson leidet, kaum möglich, ohne fremde Hilfe aus der Sitzposition in den Stand zu gelangen.

Auffallend ist auch die gesamte nach vornüber gebeugte Körperhaltung, der Tippelschritt bzw. der kleinschrittige Gang, das unsichere Gehen oder gar das Taumeln beim Gehen. Verantwortlich dafür sind Gleichgewichtsstörungen (die dem Patienten oftmals eine Stigmatisierung als Alkoholiker einbringen). Im Laufe der Jahre nehmen diese Symptome an Intensität und Ausprägung zu und eine Reihe zusätzlicher und neuer Störungen folgen. Die Parkinson-Symptome und ihr jeweiliger Ausprägungsgrad sind bei jedem von dieser Krankheit Betroffenen verschieden und individuell. Jeder Parkinson-Kranke hat seinen »eigenen Parkinson«. Man kann zwischen dem tremor-dominanten und dem rigor-dominanten oder dem mehr akinetischen Typ unterscheiden, je nachdem, welche Symptomatik im einzelnen Fall vorherrschend ist.

Ein besonderes Phänomen ist das »freezing«, bei dem der Patient wie aus heiterem Himmel plötzlich in eine Starre verfällt, aus der er sich nur schwer wieder befreien kann. So kann es passieren, dass er völlig unvorbereitet am Laufen gehindert wird, wie zu einer Salzsäule erstarrt stehen bleibt und sich nicht mehr vor oder zurück bewegen kann, sondern einfach nur wie eingefroren oder festgeklebt am Boden dasteht. Diese plötzlich auftretende Bewegungsblockade birgt die Gefahr, dass der Patient zu Fall kommt und stürzt, weil die Beine dem gerade noch in Bewegung befindlichen Körper die Dienste schlagartig verweigern.

Viele Patienten erleben mit fortschreitender Parkinson-Symptomatik teils gravie-

rende Sprechprobleme. Sie sind nicht mehr in der Lage, Wörter sauber zu artikulieren, zeigen eine verschwommene Ausdrucksweise, sprechen undeutlich, dabei oft sehr leise und monoton.
Auch das Schriftbild eines Parkinson-Kranken leidet häufig im Zuge der Krankheit, indem es krakelig und unleserlich wird. Meist wird die Schrift immer kleiner (Mikrographie), so dass man sie nicht mehr entziffern kann.
Vermehrte Talgsekretion und übermäßiger Speichelfluss stellen für den Kranken ebenso ein Problem dar wie die oben schon erwähnten Kau- oder Schluckstörungen sowie ein beeinträchtigter Geruchssinn.
Die Ursache der Krankheit ist trotz intensiver Forschungen bisher nicht gefunden. Sicher ist allerdings, dass in bestimmten Gehirnarealen eines an Parkinson Erkrankten der Botenstoff (Neurotransmitter) Dopamin nicht mehr hinreichend gebildet wird. Vermutlich verlieren die betroffenen Nervenzellen nur ihre Funktionstüchtigkeit, sind aber noch vorhanden und sterben nicht einfach ab.
Die Behandlung dieser neurodegenerativen Erkrankung geschieht zunächst durch Medikamente, die im Laufe der Jahre immer höher dosiert werden, so dass es nicht selten vorkommt, dass ein Parkinson-Patient täglich 20 Tabletten und mehr einnehmen muss. Die Medikamente führen bei langfristiger Einnahme zu sehr unangenehmen Nebenwirkungen. Der Patient leidet zunehmend unter Hyperkinesen oder Dyskinesien (Überbewegungen, unwillkürliche Bewegungen), die spastischen Bewegungen ähneln. Hinzu kommen Wirkfluktuationen; das bedeutet, dass die Wirkung der Medikamente nachlässt und es zu einem immer häufiger auftretenden Wechsel von »on«- und »off«-Zuständen (Phasen guter Beweglichkeit und Phasen der Steifheit) kommt.
Wenn die herkömmliche medikamentöse Therapie in Form der Darreichung von Tabletten nicht mehr greift, versucht man mit einem Pflaster zu helfen, das die Wirkstoffe enthält und kontrolliert abgibt. Vor einigen Jahren wurde das »Neupro«-Pflaster für Parkinson-Kranke entwickelt, das sich der Patient wöchentlich wechselnd auf eine andere Körperstelle klebt und das in unterschiedlicher Stärke erhältlich ist. Ein Vorteil dieser Therapieform ist, dass der Magen und die Leber des Patienten geschont werden, da das Anti-Parkinson-Mittel über die Haut aufgenommen wird. (Wie mir ein auf Parkinson spezialisierter Arzt erläuterte, haben Untersuchungen interessanterweise gezeigt, dass dieses Pflaster am besten bei leichtgewichtigen Frauen und am schlechtesten bei schweren Männern wirkt).
Weitere Behandlungsmethoden, die allerdings erst im Spätstadium der Krankheit eingesetzt werden, sind die Apomorphin-Pumpe und die Duo-Dopa-Pumpe, die

beide dem Körper ein Anti-Parkinson-Mittel entweder über eine kleine Nadel ins Gewebe (Apomorphin-Pumpe) oder über eine Darmsonde (Duo-Dopa-Pumpe) zuführen.
Die Tiefe Hirnstimulation (THS) ist eine letzte Möglichkeit, den Parkinson-Kranken zu therapieren. Bei diesem operativen Eingriff werden zwei vier- bis achtpolige Elektroden in das Hirn des Patienten implantiert, die über Kabel mit einem Impulsgenerator (auch Neurostimulator oder Hirnschrittmacher genannt) verbunden sind, der elektrische Impulse zu den Elektroden sendet. Diese Impulse werden in ein bestimmtes Gehirnareal abgegeben, um für die Dopaminbildung zuständige Zellen zu stimulieren, damit durch eine vermehrte Ausschüttung des Transmitterstoffes in Folge auch die Beweglichkeit des Parkinson-Kranken wieder zunimmt.

3. Die Zeit vor der Operation

Mein Mann Bernd und unsere Kinder sorgten sich sehr um mich, als ich mich vor gut sechs Jahren der Tiefen-Hirnstimulation unterzog. Die Zeit, bevor ich mich entschieden hatte, diese Gehirnoperation durchführen zu lassen, war schrecklich. Der Leidensweg, den ich nun schon so lange gegangen war, hing mit seinen Auswirkungen und Konsequenzen wie ein Damoklesschwert über der ganzen Familie. Bernd und die Kinder, allen voraus ich selbst, glaubten schon die gesamte Gefühlsbreite von einem himmelhoch Jauchzen bis in tiefe Abgründe menschlichen Seins miterlebt und erfahren zu haben.
Sir James (Parkinson-Patienten benennen ihre Krankheit gern personifiziert nach ihrem Entdecker, dem englischen Arzt James Parkinson) kannte kein Erbarmen. Diese verdammte Krankheit schritt unaufhaltsam fort.
Ich war damals seit 15 Jahren an Parkinson erkrankt und litt unter erheblichen Fluktuationen der Beweglichkeit. Innerhalb von wenigen Minuten konnte ich von guter Beweglichkeit in heftige Überbewegungen und wiederum plötzlich in Steifheit fallen. Waren es zu Beginn der Krankheit noch leichte Gehstörungen, so benötigte ich nun wegen zunehmender Gehprobleme immer öfter den Rollstuhl.
Aufgrund der starken Verschlechterung meines Gesundheitszustandes war ich immer mehr auf Hilfe angewiesen. Die Beine waren oft bleiern schwer, und selbst mit der größten Kraftanstrengung vermochte ich es nicht, die Füße vom Boden zu heben. Ohne meinen Rollstuhl traute ich mich gar nicht mehr aus dem Haus, weil

die off-Phasen meist völlig überraschend auftraten. Zeitgleich mit dem Wechsel von on- und off-Zuständen veränderte sich auch meine psychische Verfassung. Während ich in den Zeiten schlechter Beweglichkeit zu depressiven Verstimmungen neigte, hatte ich in den Phasen guter Beweglichkeit stets ein Stimmungshoch. Allerdings wurde diese Stimmungslage dann wieder durch die äußerst unangenehmen Überbewegungen getrübt, die mich derart anstrengten, dass ich völlig außer Atem war.

Auch die Unzulänglichkeiten in der Fein- und Grobmotorik nahmen zu, und es gelang mir nun in der Nacht nicht mehr, mich alleine im Bett umzudrehen.

Mit den stetig länger andauernden off-Phasen kehrten auch die Rückenschmerzen zurück. Die gesamte Muskulatur stand permanent unter Spannung und verursachte heftige körperliche Schmerzen, die allerdings nicht nur mit dem Parkinson zusammenhingen, sondern auf Bandscheibenvorfälle, eine Nervenkanalverengung und starke Arthrose zurückzuführen waren.

Wir erfuhren von einigen befreundeten und an Parkinson erkrankten Leidensgenossen, dass es Möglichkeiten gebe, mit der »Hora-Methode« dieser Probleme Herr zu werden. Die Hora-Methode ist eine Bewegungstherapie, die verschiedene Fitnessgeräte für den Kräfteaufbau in ihre Arbeit einbezieht und damit besonders auch bei Parkinson-Kranken gute Erfolge erzielt. Als die Parkinson-Selbsthilfegruppe einer benachbarten Stadt den Begründer dieser Methode einlud, über seine Arbeit zu berichten, besuchten mein Mann und ich den Vortrag. Der Referent beobachtete, wie ich mit dem Rollstuhl hereingefahren wurde und mühsam ein paar Schritte laufen musste, weil der Saal so sehr überfüllt war, dass es für dieses Hilfsmittel keinen Platz mehr gab.

Unmittelbar nach seinen Ausführungen wandte sich der Referent an mich und fragte freundlich, ob ich einverstanden damit sei, wenn er seine Methode an mir anwende. Ich willigte ein, begab mich mit der Hilfe meines Mannes langsam und schwerfällig zu meinem Rollstuhl und wurde dann vom Referenten in Empfang genommen, um an und mit mir seine Methode demonstrieren zu können. Zunächst begleitete er mich in einen Nebenraum. Mein Mann durfte mitkommen und zusehen, was dann geschah. Der Referent erklärte mir, dass ich versuchen solle, mich mental auf das Laufen einzustellen, und forderte mich auf, mittels lauten Zählens, bewusst großer Schritte und bewussten Einsatzes von Armbewegungen (Mitschwingen der Arme) beim Laufen sowie einer bewusst aufrechten Körperhaltung meinen Gang zu regulieren. Ständig kontrollierte und korrigierte er die Schrittlänge und meine Körperhaltung, ermahnte mich, nach vorne und nicht auf den Boden zu schauen, und zählte laut jeden Schritt, um mich in Gang zu bringen. Und tatsächlich – er bewegte mich zum freien Gehen. Ich konnte selber kaum fassen, dass dies möglich war, und dazu noch unter Einsatz nur so weniger und einfacher Mittel. Ich führte die gerade erworbene Fähigkeit dem Publikum vor, und es gelang mir wirklich zu laufen und den Rollstuhl unbenutzt zu lassen. Dieses Ergebnis, das der Referent in so kurzer Zeit (es waren höchstens 7-8 Minuten vergangen) erreicht hatte, verblüffte nicht nur die Zuhörerschaft, sondern mich mindestens genauso. Ich war begeistert, dass ich auf eine so einfache Weise wieder laufen konnte. Als ich nach diesem Erlebnis wieder zu Hause war, führte ich allen meinen Kindern und später auch meinen Freunden die neue Technik vor, und alle waren erstaunt und positiv überrascht.

Doch schon kurze Zeit nach diesen Laufübungen war ich so sehr erschöpft, dass ich mich völlig schlapp und krank fühlte. Ich hatte den Eindruck, alle meine Kräfte hätten mich schlagartig verlassen. Ich wollte nur noch schlafen, schlafen und nochmals schlafen. Ich fühlte mich körperlich ausgepowert, was nicht verwunderlich war, denn obwohl ich steif und unbeweglich war, hatte ich durch eine enorme Konzentrationsleistung und durch einige andere Tricks, wie eben lautes Zählen und große Schritte, meinen Körper in Bewegung gesetzt. Ich konnte, trotz ausgeprägter Parkinson-Symptomatik und obwohl ich mich gerade in einer off-Phase befand, laufen, wenn ich mich mental darauf einstellte. Aber diese Fähigkeit raubte mir gleichzeitig alle Kräfte und Reserven. Für mich konnte die Hora- Methode also eine Hilfe für Ausnahmesituationen sein, nicht aber die Lösung für meine Probleme im Alltag.

4. Apomorphin-Pumpe und Duo-Dopa-Pumpe

Wegen der Haltungsanomalien, der Dyskinesien und des Rigors, die allesamt auf Morbus Parkinson und besonders auf die Dauer der Erkrankung zurückzuführen sind, und aufgrund einiger Bandscheibenvorfälle litt ich zunehmend unter starken Rückenschmerzen. Trotz der Einnahme von Schmerzmitteln verbesserte sich der Zustand nicht.

Die von meinem Hausarzt verordnete Morphium-Schmerztherapie schwächte mich sehr. Ich verspürte den dringenden Wunsch, ins Krankenhaus zu gehen. Die Parkinsonmittel wirkten nicht mehr und mein Körper war so steif, dass ich nicht

mehr allein aus dem Sitz hoch kam, geschweige denn alleine die Toilette aufsuchen konnte.
Ich wurde in die Klinik eingeliefert. Dort stellte man stark erhöhte Leberwerte fest. Um einer dauerhaften Schädigung der Leber vorzubeugen, entzogen mir die Ärzte alle Schmerz- und Parkinsonmittel und gaben mir nur noch eine PK-Merz-Dauerinfusion, ein sogenanntes Amantadin-Präparat. In der Folgezeit wurde ich steif wie ein Brett und konnte mich nahezu nicht mehr bewegen. Es gelang mir nicht mehr, meinen Kopf entspannt ins Kissen zu legen. Mit angezogenen Beinen, die ich nicht ausstrecken konnte, lag ich bewegungslos im Bett und litt unter entsetzlichen Dystonien (Krämpfen) in den Füßen, den Waden und im Oberbauch, die kein Ende nehmen wollten. Aufgrund meiner Bewegungsunfähigkeit konnte ich den Krämpfen nicht entgegenwirken. Ich dachte daran, lieber sterben zu wollen, als diese Qualen länger auszuhalten.
Ich war an die Grenzen der eigenen Kraft, des Mutes und der Zuversicht angelangt und kann seither jeden verstehen, der in solcher Not ist, der solche Grenzerfahrungen macht, dass er am liebsten nicht mehr in dieser Welt sein möchte, dass er sich aufgibt. Nicht weil er es will, sondern weil er den Zustand nicht mehr ertragen kann, weil er keine Perspektive mehr sieht, weil niemand ihm wirklich Aussicht auf Verbesserung des Zustandes vermitteln kann, weil der Kampf um das Leben verloren scheint.
Obwohl gläubig und lebensbejahend, wollte ich mich ergeben, ich fühlte mich so ausgelaugt, dass ich nur das Ende dieses Zustandes ersehnte, auch wenn es mein Tod wäre. Ich wünschte mir ihn herbei, um von den Qualen erlöst zu sein. Ich war diesem Wunsch sterben zu wollen, noch nie so nahe, weil es der einzige Weg aus dem Martyrium zu sein schien.
Aber wenn du am tiefsten gefallen bist, kommt irgendwoher ein »Wink des Himmels«, ein kleines Zeichen. Ein Wunder geschieht, sei es die Anwesenheit eines lieben Menschen, ein gutes Wort, eine plötzliche Eingabe, etwas ändern zu müssen, eine urplötzliche neue Kraft, ein Licht, das wieder Helligkeit in deine dunkeln Gedanken und in dein Leben bringt oder sonst irgendeine Form der inneren Erkenntnis, die neue Einsichten und neue Tatkraft weckt. Das ist dann deine Rettung, das Wirken deines Schutzengels, dein zurückgekehrtes Lebenselixier.
Bernd saß an meinem Bett und hatte Tränen in den Augen, weil er mich so leiden sah und keinen Weg wusste, mir zu helfen, als es plötzlich an der Zimmertür klopfte und mein Schwager und seine Frau zögernd eintraten. Tränen kullerten über mein Gesicht. Mein Schwager sah mich traurig an, er spürte meine Niedergeschlag-

enheit und Hoffnungslosigkeit. Er sagte nur »Guten Tag, Angela.« Aus seinen Augen sprach tiefes Verstehen und Einfühlen in meine Situation, in mein Leiden. Wie ein Film lief vor mir seine Lebensgeschichte in Sekundenschnelle ab. Er war gerade selber aus dem Krankenhaus entlassen worden. Er hatte Ähnliches durchgemacht, und er hatte es geschafft, seine Hoffnungslosigkeit in Zuversicht zu verwandeln, Nun stand dieser vor kurzem noch gebrochene Mensch an meinem Bett und litt mit mir, weil er diese Verzweiflung aus eigener Erfahrung kannte.
Es muss eine Eingebung gewesen sein, als ich plötzlich mit aller Entschiedenheit sagte: »Franz, du hast es geschafft, dann schaffe ich das auch.« Die Situation barg etwas Feierliches. Vor unsere Augen zog sich ein glänzender transparenter Schleier. Von diesem Moment an ging es, trotz immer wiederkehrender Rückschläge, langsam, aber stetig aufwärts.
Täglich wurde mein Blut kontrolliert, aber die Leberwerte normalisierten sich nur allmählich. Als die Leberparameter wieder im grünen Bereich waren, erhielt ich in langsamer Aufdosierung L-Dopa. Was für ein Gefühl!? Das Leben kehrte in meinen Körper zurück. Gleichzeitig wurde ich entsetzlich überbeweglich, so sehr, dass ich Arme und Beine durch die Gegend schleuderte und nicht mehr still halten konnte. Außerdem plagten mich weiterhin entsetzliche Rückendschmerzen. In dieser Zeit war meine Familie der größte Segen für mich.
Als Behandlungsoptionen standen mir nach Meinung der Ärzte noch drei Möglichkeiten offen: die Apomorphin-Pumpe, die Duo-Dopa-Pumpe oder die THS.
Bei der Apomorphin-Pumpe werden dem Patienten Dopamin-Agonisten aus einer Pumpe durch eine Nadel ins Gewebe eingeführt. Mit dieser Art Pumpe hatte ich schon einige Jahre zuvor in einer Klinik Erfahrungen sammeln können. Sie fiel bei mir gleich aus den möglichen Behandlungsmethoden heraus, weil ich wegen des Mangels an Fettgewebe vom Einstechen der Nadel in die Bauchdecke Taubeneigroße Hämatome bekommen hatte, die mir beinahe eine zusätzliche Operation eingebracht hatten. Diese Behandlungsmethode kam folglich nicht mehr in Frage, sie entfiel wegen Unverträglichkeit.
Von der Behandlungsmethode mit der Duo-Dopa-Pumpe hatte ich bislang nichts gehört. Ich erfuhr, dass es sich dabei um ein in Schweden entwickeltes und erst seit kurzem in Deutschland eingeführtes Behandlungssystem für Parkinson-Patienten im fortgeschrittenen Krankheitsstadium handelt. Mittels eines Schlauches, der durch einen chirurgischen Eingriff in den Darm gelegt wird und der mit der Pumpe verbunden ist, die der Patient stets bei sich trägt, soll ihm kontinuierlich L-Dopa zugeführt werden, dies unter Umgehung des Magens und der Leber, die von den Ne-

benwirkungen der Medikamente auf diese Weise verschont bleiben. Ein weiterer Vorteil dieses Verfahrens sei die Tatsache, dass die L-Dopa-Menge wesentlich reduziert werden könne. Das hörte sich zunächst recht verlockend an. Die Stationsärztin machte sich stark für diese Variante. Ich zögerte erst, entschied mich aber schließlich doch dafür, teilweise aus Hoffnung auf Erlösung aus meiner fatalen Situation, teilweise, weil ich mich von der Stationsärztin gedrängt fühlte, die mir diese Methode so anpries. Was sich allerdings als eine Fehlentscheidung herausstellen sollte, da ich persönlich leider nur negative Erfahrungen mit der Duo-Dopa-Pumpe machen konnte. – Grundsätzlich wird die Duo-Dopa-Pumpe erfolgreich bei der Behandlung des Parkinson-Syndroms eingesetzt. Ich weiß von einigen Betroffenen, die dank dieser Pumpe ihre Lebensqualität erheblich steigern konnten und sehr zufrieden mit diesem System sind.

Die im Folgenden beschriebenen Erfahrungen, die ich persönlich mit dieser Methode gemacht habe, lassen die Duo-Dopa-Pumpe bezüglich ihrer Wirksamkeit in einem zweifelhaften Licht erscheinen. Deshalb möchte ich hier ausdrücklich klar stellen, dass die Anwendung dieser Pumpe in meinem Fall aufgrund einer Kette von ungünstigen Umständen und situativen Faktoren fehlgeschlagen ist. Meine Erfahrungen mit dieser Pumpe dürfen also nicht verallgemeinert, sondern müssen in ihren speziellen Kontext gestellt werden.

Die Stationsärztin hatte schon vor meiner Zusage eine Duo-Dopa-Pumpe bei der Herstellerfirma S. bestellt und schon Gespräche mit einer Außendienstmitarbeiterin geführt, die mich betreuen sollte. Diese Dame gab ihre Zusicherung, dass sie mich kurzfristig betreuen würde.

Zunächst erhielt ich eine sog. Probesonde. Es war ein Schlauch, den mir die Ärzte durch die Nase einführten, den ich schlucken musste und der dann in den Magen geschoben wurde. Eine Stück des Schlauches sollte im Magen liegen bleiben und sich in der folgenden Nacht von allein in den Darm verlegen, was sich als Trugschluss erwies. Spätestens beim Verlegen der tatsächlichen Sonde wurde mir klar, dass ich als Versuchskaninchen herhalten musste. Eine ganze Schar von Ärzten umringte mein Bett, und einer las dem anderen aus einer »Bedienungsanleitung« vor, wie dieser Schlauch in den Magen des Patienten gelegt werden solle. Ich hörte Sätze wie: »Ja, ein Stück soll frei im Magen liegen.«. – »Aber wie sollen wir denn wissen, wie lang das Stück Schlauch ist?« – »Holen Sie doch mal ein Zentimetermaß«. – »So, der Rest des Schlauches soll jetzt hinterm Ohr festgemacht werden«. – »Ich würde ihn doch besser ankleben, sonst rutscht er beim Schlucken vielleicht noch weiter herunter« etc. Am folgenden Morgen fuhr man mich zum Röntgen, um zu sehen, ob der Schlauch seinen Weg in den Darm gefunden hatte. Ich ahnte schon nichts Gutes, als der Röntgenarzt seinem Kollegen etwas zuflüsterte und ein ratloses Gesicht machte. Kurz darauf schob man mich in einen anderen Raum, und ich erkundigte mich nach dem weiteren Procedere. »Ja, leider hat sich die Sonde nicht in den Darm vorgeschoben, so dass wir ein wenig nachhelfen müssen«, erhielt ich zur Antwort. Es sollte nur ein paar Minuten dauern. Aus diesen wenigen Minuten wurden dann 45 Minuten. Es war eine schreckliche Tortur, weil der Schlauch so flexibel war, dass er sich nicht führen lassen wollte. Immer wieder zogen ihn die Ärzte heraus und plötzlich hörte ich einen von beiden sagen: »Ach herrje, da klebt ja noch ein Pflaster am Schlauch.« Empört richtete er seine Kritik an seinen Kollegen: »Das kann doch nicht wahr sein. Wieso haben Sie das Pflaster nicht entfernt?« »Es ging nicht ab, und ich wollte den Schlauch nicht beschädigen«, erhielt er zur Antwort. Als Reaktion darauf erntete der Befragte ein genervtes Kopfschütteln. Das Pflaster wurde vorsichtig vom Schlauch abgelöst. Ich bat mehrmals darum, den Eingriff abzubrechen, aber ich hörte immer nur: »Wir haben es jetzt gleich geschafft.« Nach diesem Eingriff war ich fix und fertig.

Noch am gleichen Tag wurde an diese Sonde die Duo-Dopa-Pumpe angeschlossen, durch die ich das L-Dopa zugeführt bekam.

Entsetzt war ich über die Größe der Pumpe, die nach Auskunft der Ärzte nicht größer als ein Handy sein sollte. In Wirklichkeit hatte sie aber das Format von drei bis vier Handys und wog circa 500 Gramm. Außerdem kannten sich weder die Ärzte noch die Schwestern mit der Bedienung des Gerätes aus, so dass es immer wieder zu Einstellungsproblemen kam. Ich selber wurde in die Bedienung des Apparates nicht eingewiesen.

In der kommenden Nacht schaltete sich die Duo-Dopa-Pumpe plötzlich auf ständige Zusatzgaben von L-Dopa. Ich geriet in Panik und schellte. Die herbeigeeilte Nachtschwester sagte nur lapidar: »Ich kenne mich mit diesem Gerät nicht aus. Ich mache nichts daran, Sie müssen wohl bis morgen früh warten, bis jemand da ist, der sich damit auskennt.« Ich forderte sie auf, den Dienst habenden Arzt zu rufen und drückte eigenmächtig auf die Stopp-Taste, mit der ich die L-Dopa-Stöße glücklicherweise unterbrechen konnte.

An den folgenden Tagen konnte ich relativ gut laufen. Die Vertreterin der Herstellerfirma kam und stellte das Gerät ein. Sie klagte darüber, dass sie sich niemals mehr so unter Druck setzen lassen wolle, wie es hier in diesem Hause geschehen sei. Sie habe nicht einmal die Ärzte und Schwestern vernünftig in die Bedienung des Gerätes einweisen können und sie würde in Zukunft nie mehr dazu bereit sein, Patienten zu betreuen, für die kein geschultes klinisches Personal zur Verfügung stünde. Ich versuchte in Erfahrung zu bringen, wie viel L-Dopa ich nun bekäme, erhielt aber von Seiten der Ärzte die Antwort: Das könne man nicht so einfach berechnen. Es sei nur mit Hilfe ganz komplizierter Umrechnungstabellen möglich. Ich versuchte, diese Tabellen von den Ärzten zu bekommen, jedoch ohne Erfolg. Meine Familie machte sich im Internet schlau: Den Berechnungen zufolge, die übrigens gar nicht schwierig waren, erhielt ich pro Tag 1300 mg L-Dopa, ganze 700 mg mehr als bisher. Meine Familie war ebenso schockiert wie ich.

Zwei Tage später dann blieb ich beim Bücken mit der Sonde aus Versehen am Bett hängen, und beim Aufrichten bemerkte ich plötzlich, dass mir der Schlauch fast 1,5 Meter lang aus der Nase herunterhing. Die herbeigerufene Ärztin wollte die Sonde um jeden Preis retten. Aber inzwischen war das Ende der Sonde an meinem Zäpfchen im Hals angelangt und erzeugte einen Würgereiz, der mich veranlasste, auch noch den Rest der Sonde herauszuziehen. Die Ärztin war empört und verlangte von mir, mich sofort zu entscheiden, ob die Sonde neu verlegt werden solle oder nicht. Denn da es bereits Samstagmittag war, hätte sie sich beeilen müssen, um vielleicht noch schnell einen Kollegen zu erreichen, der die Sonde neu legen konnte. Ich dachte an die grausame Prozedur, die ich vor ein paar Tagen erlebt hatte und an die Menge an L-Dopa, die ich zurzeit erhielt, und verweigerte diesen Eingriff.

Bernd und die Kinder hatten inzwischen reichlich Info-Material besorgt, und wir wussten jetzt, dass es eine Reihe von Schwierigkeiten mit dieser Pumpe geben konnte: Die Sonde muss (das kam in der Praxis öfter vor) evtl. bis zu zweimal im Jahr neu verlegt werden, weil sie vom Dünndarm zurück in den Magen rutscht. An der Narbe in der Bauchdecke können Entzündungen auftreten. Die Duo-Dopa-Kassetten müssen ständig gekühlt werden und sind außerhalb des Kühlschranks nur einen Tag lagerfähig. Die Sonde kann zudem verstopfen oder abknicken.

Nach diesen für mich schrecklichen Erlebnissen wurde ich schließlich aus dem Krankenhaus entlassen und war medikamentös so schlecht eingestellt wie niemals zuvor. Ich zappelte wie ein Hampelmann, hatte spastische Zuckungen und konnte meinen Körper nicht still halten. Es passierte, dass ich zum Beispiel beim Telefonieren plötzlich mein Bein auf den Schreibtisch schleuderte oder vor lauter Dyskinesien, versehentlich die Kaffeetassen vom Tisch fegte, die dann in tausend Stücke zerbarsten. Wenn ich, was nur selten vorkam, mal keine Überbewegungen hatte, dann war ich gleich steif und wirkte wie eingefroren, zeigte also genau das gegenteilige Extrem. Diese beiden körperlichen Zustände konnten sich in Sekundenschnelle abwechseln. Eine ambulante Neueinstellung misslang.

Balanceverlust

Das Feuer aus Angst
brennt mir die Seele aus
und mein Atem
gefriert
in der Glut
der Dunkelheit.
Ich habe die Balance verloren.

5. Die Vorbereitung auf die THS

Nach diesem Erlebnis wurde mir schnell klar, dass auch diese Methode mir nicht dauerhaft die erhoffte Hilfe und Erleichterung bringen konnte, und der Wunsch, die THS machen zu lassen, rückte in greifbare Nähe.
Meine Neurologin vermittelte mir ein Bett in einer Universitätsklinik, in der Patienten auf die THS vorbereitet werden. Eine Woche lang wurde ich hier durchgecheckt und auf die Tauglichkeit für die Operation untersucht.
Wie froh war ich, als ich erfuhr, ein für die THS geeignete Patientin zu sein. Ich konnte nach der Testwoche gleich in die Klinik wechseln, in der die Operation vorgenommen werden sollte. Üblicherweise geht der Patient nach diesem Check nach Hause und wartet dort darauf, einen Operationstermin zu bekommen. Das kann gut und gerne bis zu einem halben Jahr dauern.
Die Neurologen der Uni-Klinik führten, bevor ich das Krankenhaus wechselte, mit mir noch ein sogenanntes Operationstraining durch, das mich auf die Operation und die damit verbundenen, an mich gestellten Anforderungen im Operationssaal vorbereiten sollte.
THS-Patienten werden bei vollem Bewusstsein operiert. Lediglich zu Beginn der Operation, wenn der Arzt den Kopf des Patienten fest in dem sog. stereotaktischen Rahmen fixieren muss, um jede Bewegung des Kopfes während der Operation auszuschließen, erhält der Patient eine kurze Narkose. Die Löcher für die Elektroden werden bei vollem Bewusstsein des Patienten in die Schädeldecke gebohrt, weil die Schädeldecke schmerzunempfindlich ist. Patient und Ärzteteam können miteinander kommunizieren, und es kann präzise die Stelle im Hirn lokalisiert werden, wo

die beste Wirkung der Elektroden feststellbar ist, was ein Indiz für eine exakte und zielgenaue Implantation ist. Der Patient muss nun Bewegungen ausführen, die dem Arzt zeigen, dass die Elektroden richtig platziert sind.
Vor nicht allzu langer Zeit wurde die THS erst empfohlen, wenn der Patient sozusagen als austherapiert galt. Das heißt: Alle bisherigen Behandlungsmethoden bringen nicht mehr die gewünschte Erleichterung, stattdessen leidet der Patient unter starken Fluktuationen der Beweglichkeit, on- und off-Phasen wechseln sich abrupt ab, und die Parkinson-Medikamente führen aufgrund der Langzeiteinnahme zu heftigen Nebenwirkungen wie zum Beispiel zu Dyskinesien.
Inzwischen wird die THS auch bei noch relativ neu Erkrankten vorgenommen. Man spricht in diesem Fall von der frühen THS, der ein eigenes Kapitel in diesem Buch gewidmet ist (Kap. 37).
Am letzten Tag vor der Aufnahme ins Krankenhaus, in dem ich auf die THS vorbereitet werden sollte, kamen unsere Kinder und Enkelkinder mich besuchen. Sie wünschten mir Glück und Gelingen für die bevorstehende Operation. Ich genoss den Tag und war sogar wider Erwarten recht gut beweglich. Beim Abschied vermied ich es, auch nur eine Spur von Theatralik aufkommen zu lassen. Im Stillen gingen mir viele Fragen und Ängste durch den Kopf: Werde ich nach dem Eingriff noch alle Gedanken beisammen haben? Wird mein Verstand noch funktionieren? Werde ich die Kinder und Bernd nachher wieder erkennen? Werde ich vielleicht verwirrt sein? Werde ich ein psychisches Wrack sein? Wird mein Sprachvermögen beeinträchtigt sein? Wird die Operation den erhofften Erfolg bringen? Werde ich wieder beweglich sein? Hoffentlich gelingt die Operation!
Nach einer ruhigen Nacht, in der ich einen guten Schlaf hatte, fuhr Bernd mich zur Klinik. Auf dem Weg dorthin sagte ich: »Ich glaube, das wird der schwerste Gang in meinem Leben«, und Bernd erwiderte: »Den hast du doch schon längst hinter dich gebracht. Wenn ich an die letzten Monate denke, dann kann es doch nur besser werden.« Bernd hatte Recht.
Schon am ersten Abend in der Klinik entzog man mir die Medikamente, um tags darauf zu testen, wie gut ich noch auf L-Dopa reagiere. Ich fürchtete mich vor diesem schrecklichen off-Zustand, vor der Steifheit und den vielleicht eintretenden Krämpfen. Ich betete und summte ein Kirchenlied vor mich hin: »Meine Zeit steht in deinen Händen. Jetzt kann ich ruhig sein, ruhig sein in dir. Gib mir Geborgenheit. Du kannst alles wenden. …«.Hannah, die mittlere unserer drei Töchter, hatte mir am Telefon den Ratschlag gegeben, diesen Text zu singen, weil er beruhigend wirken könne. Ich fiel zwar in eine off-Phase, aber die erwarteten Dystonien blie-

ben aus. Ich war froh, dass alle Untersuchungen zu meinen Gunsten verliefen und der THS nichts mehr im Wege stand, so dass ich in das Krankenhaus, in dem die Operation stattfinden sollte, überwiesen werden konnte.
Als ich zur Vorbereitung auf den Eingriff in der Klinik lag, dachte ich, als Bernd abends gegangen war, wie schön es doch wäre, wenn ich meinen Garten wieder selber bestellen könnte. Ich liebe meinen Garten. Noch lange nach dem Ausbruch meiner Krankheit hatte ich täglich darin gearbeitet. Ich sorgte dafür, dass er zu jeder Jahreszeit üppig blühte und alle Nachbarn und Freunde diese Kunst bewunderten. Manchmal schellte es an unserer Haustür und irgendeine Nachbarin stand davor, um ihre Hochachtung vor dieser Blumenpracht, den phantastisch blühenden Rosen, an mich weiter zu geben, und immer wieder blieben Spaziergänger vor dem Blütenmeer stehen und staunten. Nun lag der Garten ziemlich unansehnlich da. Die Rosenstöcke hätten längst beschnitten werden müssen, aber Bernd, beruflich stark gefordert, hatte keine Zeit dafür. Es wurde allmählich ungemütlich draußen. Der Wind fegte durch den Garten, die Baumkronen bewegten sich hin und her und verloren die letzten Blätter, die dem Winter bisher noch getrotzt hatten. Ob die Operation gut verlaufen würde? Ob sich mein Traum erfüllen würde, wieder meine Gartenarbeit aufnehmen zu können? In meinem Kopf kreisten die Gedanken. Ich liebe besonders den Frühling, die Jahreszeit, in der das Leben wieder neu erwacht, in der die Natur wieder zu wachsen beginnt, in der es in meinem Garten wieder zu sprießen anfängt.
Bernd schien sehr besorgt zu sein, als er mich am Abend vor der Operation im Krankenhaus besuchte. Ich konnte aus seinen Kummerfalten unschwer herauslesen, was er dachte: ›Wie schwach und hinfällig sie geworden ist. In den letzten Monaten ist sie stark abgemagert. Und sie hat ein bleiches Gesicht bekommen. Ihr Lächeln ist ein anderes Lächeln als noch vor Wochen. Von Tag zu Tag wirken ihre Gesichtszüge steifer, fast maskenhaft, wie eingefroren, so dass das Lächeln unbeholfen und etwas gequält aussieht. Wie ihre Augen in tiefen Höhlen liegen und die Wangenknochen aus dem kleinen, blassen Gesicht hervorragen, als seien es spitze Felsen. Ihre Lippen gleichen schmalen, mattgrauen Seidenbändern, und die wenigen Falten, die sie hat, ziehen sich wie tiefe Furchen und Gräben durch ihr Gesicht‹. So oder ähnlich mussten seine Gedanken durch seinen Kopf schwirren.
Was war aus mir geworden? Einst eine tapfere Kämpfernatur, eine starke Frau, eine aktive Mutter und Lehrerin. Jetzt von Hilfe abhängig und von der Krankheit gezeichnet, war ich zu einem Häufchen Elend zusammengeschrumpft, nahezu bewegungslos. Ich gab ein erbärmliches Bild ab. Dieser Unterschied von der einstigen

Power-Frau, die ich noch vor einigen Jahren war, als ich voll im Leben stand, Hausarbeit, Beruf und Fortbildungen sowie die Erziehung unserer gemeinsamen Töchter mit Bravour meisterte, und meinem jetzigen Gesundheitszustand, dem totalen Verlust der Lebensqualität, trat mir plötzlich massiv vor Augen: Ich war ein Pflegefall geworden, unfähig, noch irgendeine der Leistungen zu erbringen, die mein Leben ausgefüllt hatte. In Bernds traurigem Blick erkannte ich, wie sehr er mit mir litt, aber gleichzeitig ließen seine Augen auch großen Respekt und Achtung vor mir erahnen. Er hatte nie aufgehört, mich zu lieben, auch nicht in den schwierigsten Zeiten unserer Ehe.

Tatsächlich war ich die meiste Zeit des Tages nicht mehr in der Lage, mich alleine fortzubewegen. Mein Körper ließ mich einfach im Stich. Ich konnte mich anstrengen, wie ich wollte, aber ich brachte es nicht fertig, ihn aus der Sitzposition in den Stand zu bringen. Selbst bei Toilettengängen brauchte ich Hilfe. Nachts musste Bernd mich immer wieder im Bett von der einen Seite auf die andere drehen, weil ich es selber nicht mehr schaffte. In den letzten Monaten vor der Operation standen Bernd und viele Verwandte und Freunde mir hilfreich zur Seite und begleiteten mich bei Arztbesuchen.

Tatsächlich wirkte mein Körper ausgezehrt, die Strapazen der letzten Monate waren in mein Gesicht eingemeißelt, scheinbar unwiderruflich. Das Krankenbett schien viel zu groß für mich, eine so kleine, ausgemergelte Person. Aber es gab Wichtigeres, als über die Größe des Krankenbettes nachzusinnen. Bernd berührte meine Hände. »Deine Hände sind schon wieder kalt, ich werde sie dir wärmen«, sagte er und umfasste meine knochige, dürre Hand. Ich spürte die wohlige Wärme, die von dieser kräftigen Männerhand ausging. Ich fühlte mich glücklich und zugleich beschützt und dachte daran, dass Bernd immer, wenn wir zusammen spazieren gingen, meine Hand umschlungen hielt und sie bei kalter Witterung stets in seine Jackentasche steckte, um sie zu wärmen.

Als sein Blick, kurz bevor er sich vor meinem großen Tag von mir verabschiedete, noch einmal zu meinen Augen wanderte, lächelte ich ihn an. Er wunderte sich, in meinen Augen Zufriedenheit, verhaltenes Glück, ja sogar Freude eingebettet zu finden. »Wie gelassen und ruhig du bist«, sagte er zu mir, »und das vor einer solchen Operation«.

»Ich habe auch keine Angst vor der Operation«, antwortete ich. »Und falls etwas schief geht, ich habe auch keine Angst vor dem Tod, Bernd. Vielleicht vor dem Sterbeprozess, weil ich nicht weiß, ob es ein langes Leiden sein würde. Aber vor dem Tod, ... nein, vor dem Tod ängstige ich mich nicht. Ich glaube, dass es ein Weiterleben nach dem Tod gibt und dass ich in Gottes Nähe sein werde. Ich stelle mir vor, dass ich meine Mutter, deine Eltern und alle verstorbenen Freunde, auch alle toten Parkinson-Freunde, zum Beispiel Ingo und Agnes, wieder sehen werde, in welcher Form auch immer. Ich habe die glaubende Gewissheit, dass ich all diesen lieben Menschen wieder begegnen werde.«

»Angela, die Operation wird gut verlaufen. Der Doktor ist ein fachkompetenter, erfahrener und gewissenhafter Arzt. Du hast selber gesagt, dass er ein exzellenter Operateur auf dem Gebiet der Tiefenhirnstimulation ist«, entgegnete Bernd.

»Bernd!?« hob ich in einem feierlich anmutenden Ton an: »Ich möchte dir noch verschiedene Dinge sagen.«

»Und was?«, fragte er mich leise und etwas irritiert wegen des Wortes »noch« in meinem Satz. Was mag es sein, was sie mir noch mitteilen will, dachte Bernd.

»Bernd, du sollst wissen, dass ich mit meinem Leben zufrieden war, auch mit und trotz dieser blöden Krankheit. Du und unsere Kinder, überhaupt ihr alle, meine ganze Familie und viele andere haben es lebenswert gemacht. Ihr alle wart immer für mich da und habt mir alles so leicht wie möglich gemacht. Ich bin unendlich stolz auf euch. Eine solche Familie zu haben, ist keine Selbstverständlichkeit. Ich habe mich immer auf euch verlassen können. Dafür möchte ich euch allen danke sagen. Wir haben eine schöne Zeit miteinander verbracht.«

Bernd wollte etwas sagen, aber seine Stimme war wie betäubt. »Erinnerst du dich noch an unsere erste Begegnung auf der Abiturfeier meines Bruders?«, fragte ich.

»Ja, natürlich«, sagte Bernd. Vor seinen Augen sah er mich in der Küche meines Elternhauses stehen, der Mutter bei der Vorbereitung des Büfetts für die Feier helfen, damals noch mit kindlicher Unbeschwertheit und in völliger Gesundheit.

»Bernd?«, sagte ich fragend, und meine Stimme rief ihn wieder zurück ins Krankenzimmer. »Ja«, antwortete er, »ich habe gerade daran gedacht, wie wir uns kennengelernt haben.«

»Manchmal laufen vor meinem inneren Auge unsere gemeinsamen Erlebnisse wie ein Film ab: unser erster Urlaub in Spanien, unsere erste Wohnung auf dem Lande, unser Hausumbau und … ich bin froh, das alles mir dir erlebt zu haben.« Er unterbrach mich: »Aber das Beste sind ja wohl unsere drei Töchter.« »Ja, das ist das Beste, was uns jemals passieren konnte«, stimmte ich ihm zu. »Sie sind und waren immer der Hauptinhalt unseres Lebens.

Bernd, es gibt aber noch etwas, was du wissen sollst. Ich habe einen Brief für Nicola, Hannah und Lena geschrieben und ebenfalls einen an unsere Enkelkinder. Die Briefe liegen in der großen Schublade meines Sekretärs im Dachzimmer. Auf dem

einem steht ›Für Nicola, Hannah und Lena‹, auf dem anderen ›An meine Enkelkinder Paula und Johanna‹. Du kannst die Briefe lesen. Falls bei der Operation etwas schief geht, gib sie dann später bitte an die Kinder weiter. Und noch etwas ist mir wichtig, Bernd. Für alles, was zwischen uns nicht gut gelaufen ist und für all das, womit ich dir wehgetan habe oder was dich verletzt hat, möchte ich mich bei dir entschuldigen. Du kannst sicher sein. Ich habe dich immer geliebt.«
Bernd beugte sich zu mir herab und küsste mich. »Ich liebe dich auch. Du brauchst dich nicht zu entschuldigen. Es ist alles gut, okay?«
Bernd verließ mich mit einem unguten Gefühl im Bauch. Er machte sich große Sorgen. Ob die Operation gelingen würde? – Sie musste gelingen. Er setzte sein ganzes Vertrauen in den Chirurgen, der am Abend noch bei mir im Krankenzimmer gewesen war und sehr beruhigend und zuversichtlich auf uns beide gewirkt hatte.
An diesem Abend stellte ich die Einnahme meiner Medikamente ein, damit am Operationstag die Wirkung der Stimulation auf die Parkinsonsymptome gut zu sehen und zu beurteilen sein würde.
Der Eingriff verlief gut, er dauerte mehr als 9 Stunden, es gab keine Komplikationen. Und das Ergebnis der THS kann sich sehen lassen.

6. Seht immer zuerst das Gute

Zu Hause stieg Bernd die schmale Treppe zum Dachzimmer empor, öffnete die große Schublade des Sekretärs und sah dort die Briefe liegen, von denen ich gesprochen hatte. Sie waren beide mit einem blauen Schleifenband zusammengebunden. Bernd nahm sie heraus und betrachtete die Aufschrift des oben liegenden Briefes: »Für Nicola, Hannah und Lena«. Die Schrift, in schwarzer Tinte mit geschwungenen Anfangsbuchstaben der Namen, so ordentlich wie es meine Art war. Bernd öffnete das Schleifenband des obersten Briefes, von den Fesseln der Verschwiegenheit befreit, holte das Blatt Papier aus dem Umschlag, faltete es auseinander und las:

Liebe Nicola, Hannah und Lena,
Ihr wart alle eine große Hilfe für mich. Ohne euch hätte mein Leben fad und öde ausgesehen. Ihr habt es mir mit und trotz meiner Parkinson-Krankheit farbenfroh und

lebenswert gemacht. Ich hatte immer das Gefühl, dass ihr mir beisteht, für mich da seid und mir alles so leicht wie möglich macht. Ich habe stets eure Liebe und Zuwendung gespürt, und ich war immer und bin es noch: unendlich stolz auf euch, und ich weiß sicher, dass euer Vater nicht minder stolz auf euch ist. Solch eine tolle Familie zu haben, ist keine Selbstverständlichkeit. Ich war immer sicher, dass ihr mich nicht verlasst, dass ihr mich tragt. Dafür danke ich euch aus tiefstem Herzen und aus tiefster Seele. Ihr seid der Hauptinhalt meines bzw. unseres Lebens. Ich habe erfahren dürfen, dass ihr die empfangene Liebe im Übermaß an mich zurückgeben konntet und es ohne Einschränkung getan habt.

Ihr seid zu jungen Frauen herangewachsen, die wissen, worauf es im Leben ankommt: nicht auf Ellbogenmentalität, sondern auf die wahre Liebe, wie sie das Hohelied der Liebe (1. Korinther-Brief von Paulus) beschreibt. Vielleicht findet ihr Zeit, es euch einmal durchzulesen. Es ist einer der schönsten Texte der Bibel und darüber hinaus der gesamten Weltliteratur. Eure Partner habe ich ebenfalls fest ins Herz geschlossen. Michael, Thomas und Sven sind wunderbare Menschen. Ich bin dankbar, dass ihr, Nicola, Hannah und Lena, den dreien begegnet seid und euch gefunden habt. Mein Wunsch für eure Zukunft ist: Wendet euch immer der Sonne zu, sucht die Freude und »jagt« ihr nach, dann ist das Leben nicht mehr beschwerlich. Man kann in allen Dingen Gutes und Schlechtes sehen. Seht immer zuerst das Gute, es ist stets der bessere Weg, der euch selber auch froher macht. Ihr alle seid großartige Menschen. Ich wünsche euch Glück in eurem weiteren Leben, vor allem auch Gelassenheit, denn wir nehmen vieles oft so wichtig und machen uns das Leben so schwer, statt es zu genießen und dankbar dafür zu sein, wie viel Gutes uns täglich widerfährt.

Ohne euch wäre ich arm dran gewesen. Danke für jeden guten Zuspruch, für jede Ermutigung, jeden warmen Händedruck und jede liebevolle Umarmung, für jede kleine Hilfe und für jede große Hilfe, für euer Mitleiden und Mitgefühl, wenn es mir schlecht ging, aber auch für jedes miteinander Lachen und jede Mitfreude und alle schönen gemeinsamen Erlebnisse. Danke dafür! Gott sei Dank, dass es euch alle gibt, und Gott sei Dank, dass es euch gibt, wie ihr seid. Ihr habt mich reich beschenkt mit eurem So-Sein. Macken hat jeder. Ich auch. Aber wichtig ist, dass der Kern stimmt, und bei euch allen stimmt er eben. Ihr werdet alle immer einen Platz in meinem Herzen haben.

Der Brief endete mit *In Liebe! Eure Angela*

Bernds Blick schweifte noch einmal über das Blatt Papier. Die Buchstaben verschwammen vor seinen feuchten Augen. Angela hatte einen Abschiedsbrief verfasst. Das machte ihm Angst. Aber Bernd sträubte sich innerlich mit aller Gewalt gegen

die Vorstellung, dass meine Operation misslingen könnte. Er musste und wollte optimistisch bleiben.
In Gedanken sah er mich als junge Frau. Am Tag unserer ersten Begegnung hatte er mir vorgeschlagen, gemeinsam zu einem Fest anlässlich des 50-jährigen Bestehens des Stadtgartens zu gehen, das mit einem großen Feuerwerk enden sollte. Ich willigte ein, und wir verabredeten uns für Freitag, 18.00 Uhr.
Bernd holte mich pünktlich ab. »Gut siehst du aus«, begrüßte er mich lächelnd. »Danke«, erwiderte ich. »Du bist ja überpünktlich. Gehen wir gleich in den Stadtgarten? Oder machen wir vorher noch etwas anderes? Das Feuerwerk ist erst um 23 Uhr.« »Wenn du Lust hast, können wir ja vorher noch etwas spazieren gehen, vielleicht zur Aussichtsplattform am See. Der Weg dorthin führt durch einen wunderschönen Buchenwald.« »Gute Idee«, fand ich. Ich hatte es mir auf dem Beifahrersitz bequem gemacht, die Beine übereinander geschlagen und schaute Bernd von der Seite an. Er spürte, wie mein Blick an ihm haftete, wie ich ihn taxierte. »Kennst du die Aussichtsplattform am See?«, versuchte er meine Aufmerksamkeit umzulenken. »Klar doch, ja, ein schönes Fleckchen Erde.«
»Da wären wir«, sagte Bernd, und dann stiegen wir aus und schlenderten eine Zeitlang schweigend nebeneinander her.
»Ich freue mich, dass du spontan zugesagt hast, als ich dich gefragt habe, ob du mit zum Feuerwerk gehst«, fuhr er fort: »Schau mal, ist das nicht eine herrliche Aussicht? Komm, wir setzen uns hier auf die Klippe und genießen den wunderschönen Blick.« Ich war überwältigt von dieser Aussicht, noch mehr von der Stimmung.
Der See lag friedlich da mitten in der herrlichen Landschaft und regte sich nicht, so still als sei er von einer Klarsichtfolie überzogen. Kein Windhauch war zu spüren. Das Wasser glitzerte silbrig in der Sonne. Weit hinten konnte man ein paar Segelboote entdecken, die wie kleine Spielzeugschiffe über den See dahin glitten.
Wir saßen beide, die Natur bestaunend, auf einem Stück Wiese zwischen den hohen Buchen, als ich plötzlich etwas unwirsch raunte: »Hier stinkt es. Irgendwo muss hier ein Hundehaufen oder so etwas rumliegen. Lass uns einen anderen Platz suchen.« Bernd hatte diesen Gestank ebenfalls bemerkt und stand sofort auf. »Iiiihh«, schrie ich, »schau dir mal dein Hinterteil an«, und ich prustete laut los: »Das ist ja ein absoluter Volltreffer. Hebt sich gut von der hellen Hose ab.« Bernd warf einen Blick über die Schulter auf sein Hinterteil. Ein bestialischer Gestank drang in seine Nase. »Scheiße«, rief er. »Ja, im wahrsten Sinne des Wortes. Hier handelt es sich um Scheiße«, amüsierte ich mich. »Find ich gar nicht lustig«, murmelte Bernd vor sich

hin. »Was mach ich jetzt bloß? Wie soll ich mit dieser Hose ins Auto steigen?« Ich kicherte. »Rutsch doch erst mal ein bisschen mit dem Hinterteil über die Wiese, damit wenigstens der dickste Dreck abgeht.« Bernd setzte sich auf das Fleckchen Wiese und schubbelte seinen Allerwertesten hin und her. Der gröbste Mist klebte nun an den Grashalmen, aber die helle Jeans war breitflächig braun beschmiert und stank erbärmlich. »Scheiße«, fluchte Bernd. »Wir müssen wohl vor dem Feuerwerk noch mal nach Hause, damit ich mich umziehen kann.« Ich fand die Situation urkomisch und lachte aus vollem Herzen, so dass Bernd auch nicht mehr ernst bleiben konnte. »Scheiße auf dem Hinterteil, findet mancher supergeil«, alberte ich herum, und Bernd konterte: »Scheiße auf der Hinterbacke, das ist wirklich echte Kacke.« Am Auto angekommen, pellte sich Bernd vorsichtig aus seiner Jeans und setzte sich in Unterhose ans Steuer. »Öfter mal was Neues. Jetzt fehlt nur noch, dass wir in eine Polizeikontrolle kommen«, flachste Bernd.

Jäh wurde Bernd aus seiner Reise in die Vergangenheit zurückgeholt, als plötzlich das schrille Klingeln des Telefons ertönte. Er fuhr erschrocken in die Höhe, griff noch halbwegs in den Erinnerungen verfangen, nach dem Hörer und meldete sich: »Rechmann hier, guten Tag.« »Hallo Papa, ich bin es, Nicola. Ich wollte fragen, wie es Mama geht.« Nicolas Stimme klang jung und klar. »Gut. Sie ist sehr zuversichtlich und hat keine Angst vor der Operation, wie sie mir glaubhaft versicherte.« »Hoffentlich geht auch wirklich alles gut. Hast du Mama ausgerichtet, dass wir morgen an sie denken und für die beten? Paula und Johanna werden morgen in der Kirche eine Kerze für sie anzünden.« »Ja, Angela weiß das«, erwiderte Bernd. »Wenn nur alles gut geht«, sagte Nicola. »Mama hatte es nicht leicht in der letzten Zeit. Ich wünsche ihr so sehr, dass dieses Elend bald ein Ende hat und dass ihre Hoffnung auf Besserung ihres Gesundheitszustandes sich auch erfüllt.« »Ja, Nicola, das hoffen wir alle.« »Das Schreckliche ist, dass wir ihr im Grunde nicht wirklich helfen konnten und dem Leiden tatenlos zusehen mussten. Das ist das Entsetzliche«, fuhr Nicola fort. »Wenn du Mama morgen besuchst, dann grüße sie bitte von uns allen. Wenn sie Hilfe braucht, soll sie sich melden, okay? Ich komme sie vielleicht übermorgen Nachmittag besuchen, wenn sie dann schon Besuch haben möchte, ja?« »Okay Nicola, und danke für deinen Anruf.« »Also dann tschüß«, sagte Nicola und legte auf.

Bernd legte das Telefon wieder auf den Schreibtisch und nahm den Brief, den ich für Paula und Johanna hinterlegt hatte, in die Hände, betrachtete den sorgfältig mit dem blauen Schleifenband umschlungenen Umschlag und löste die Schleife. Er entnahm den Brief, faltete das Blatt auseinander und begann zu lesen:

Liebe Paula, liebe Johanna,

Ihr seid wunderbare Enkelkinder, und ich liebe euch sehr. Ich freue mich jedes Mal, wenn ich von euch höre (zum Beispiel am Telefon) oder wenn ich euch sehe (wenn ihr mich besuchen kommt). Leider habt ihr eine kranke Oma Angela, die vieles nicht mehr kann, was sie früher alles so gerne gemacht hat. Ich will euch davon erzählen: Zeit meines Lebens habe ich Kinder sehr gemocht. Als ich selber noch ein Kind war, war ich eine kleine »Puppenmutter«, die ihre Puppen gefüttert, gepflegt und umsorgt hat wie eine Mutter ihre Kinder.

Als Jugendliche habe ich oft als Babysitter gearbeitet und kleine Kinder betreut. Immer wenn wir zu Hause von Familien mit Kindern Besuch hatten, dann war ich für sie ein willkommener «Kinder-Bespaßer«, so wie Christoph, Nicos und Michas Freund, es oft für euch ist, und ich habe die Kleinen gerne bespaßt. Es hat mir viel Freude bereitet.

Als ich etwas älter wurde, träumte ich davon, selber Mutter zu werden und möglichst viele Kinder zu bekommen, am liebsten eine ganze Fußballmannschaft. Aber daraus ist nichts geworden, stattdessen habe ich drei wunderbare Töchter, die besser als jede Fußballelf sind. Eine dieser Töchter ist eure Mama Nicola.

Opa Bernd und ich haben viele glückliche Stunden mit ihnen verbracht. Wir sind durch Wälder gestrolcht, haben Zoo-Besuche gemacht und viel Zeit mit unseren Kindern auf Spielplätzen zugebracht. Auf unseren zahlreichen Urlaubsreisen haben wir gemeinsam eine Menge spannender Abenteuer erlebt, wie zum Beispiel die Bärensuche in Finnland.

Als du, Paula, geboren wurdest, war ich die stolzeste Oma der Welt und als du, Johanna, geboren wurdest, war ich wieder die stolzeste Oma der Welt, und ich bin es bis heute geblieben. Ihr seid jetzt schon 6 1/2 und 5 Jahre alt, und ich bin unendlich froh und glücklich, dass es euch gibt und dass ich eure Oma sein darf. Ihr musstet schon sehr früh lernen, dass ich oft Hilfe brauche und vieles nicht mehr mit euch unternehmen kann. Ich bewundere euch, wie selbstverständlich ihr mit meiner Behinderung umgeht. Es gibt wenige Kinder, die das können. Besonders bewundernswert ist, dass ihr mir so viel Verständnis entgegenbringt und stets zur Hilfe bereit seid. Zum Beispiel wenn ihr ohne Widerworte oder Quengelei hinnehmt, dass wir eine Vorlesestunde einlegen müssen, weil ich mal wieder schlecht beweglich bin und kaum laufen kann, und obwohl ihr euch vielleicht gerade wünscht, lieber etwas anderes tun zu können. Ihr helft mir dann, indem ihr mir »ein Beinchen stellt« oder den Rollstuhl schiebt. Ich weiß, dass es euch auch traurig macht, wenn ihr seht, dass es mir schlecht geht oder dass ich Schmerzen habe. Ich weiß auch, dass ihr für mich betet und dass ihr in der Kirche Kerzen für mich anzündet. Ich finde das toll von euch und danke euch von Herzen dafür.

Wisst ihr, es gibt Stunden, da bin ich sehr traurig, dass ich mit euch nicht herumtollen kann, wie ich es gerne möchte, dass ich euch nicht mal eben zu einem Ausflug einladen kann, in den Zoo, in ein Kindermuseum, in ein Theaterstück … Ja, ich bin sogar traurig wegen noch viel schlichterer Dinge, z.B. dass ich euch nicht die Tür öffnen kann, wenn ihr draußen ruft und klopft. Ich bin traurig, dass ich euch nicht entgegenlaufen kann, um euch in die Arme zu schließen, euch fröhlich zu begrüßen oder irgendwelchen Quatsch mit euch zu machen. Manchmal weine ich deshalb, aber dann fällt mir wieder ein, dass ich so froh bin, dass ich euch beide habe und dass ich aus diesem Grunde gar nicht traurig sein kann, denn was gibt es Schöneres und Froh-Machenderes als zwei solche tollen Enkelkinder zu haben. Wenn ich mir das klar mache, geht es mir sofort wieder besser. Und noch besser geht es mir, wenn ich euch dann wieder sehe, wenn ich eure Stimmen höre, wenn ich euer Kinderlachen sehe, eure Offenheit spüre und wenn ich merke, dass ihr glücklich seid. Ihr habt in eurem kurzen Leben, denn die längste Zeit liegt ja noch vor euch, schon unendlich viel gelernt, darunter ganz besondere Fähigkeiten, die nicht jeder besitzt: Hilfsbereitschaft, Umsicht, Toleranz, soziales Verhalten, Rücksichtnahme. Das sind schwierige Wörter, die bedeuten, dass ihr denjenigen helft, die eure Hilfe brauchen, dass ihr Behinderte achtet und beachtet. Ihr schaut nicht weg, wenn sie euch brauchen, sondern schreitet zur Tat. Ich bin sicher, dass ihr Kranke und Hilflose nie ausgrenzen oder sie ihrer Hilflosigkeit überlassen würdet. Das ist großartig, und das erfüllt mich mit Stolz.

Ihr beide, Paula und Johanna, habt mich immer deutlich spüren lassen, dass ihr mich liebt. Was kann ich mir denn mehr wünschen, als solche guten Enkelkinder? Ihr habt mir immer wieder Mut gemacht, wenn es mir nicht gut ging. So gestärkt von euren Worten konnte ich zuversichtlich und ohne Angst der Zukunft entgegensehen. Ohne euch wäre mir das nicht gelungen.

Mein jetziger schlechter Gesundheitszustand veranlasst mich, euch diesen Brief zu schreiben. Ich habe mich für eine Gehirnoperation entschieden, von der ich mir Besserung erhoffe. Ich weiß, dass ihr an mich denkt und mich in euer Gebet einschließen werdet.

Liebe Paula und liebe Johanna, auch ich wünsche mir, wie ihr es mir ebenfalls von Herzen wünscht, dass die Operation gut ausgeht und dass sich daraus wieder neue Möglichkeiten für uns alle ergeben. Ich träume vom kommenden Sommerurlaub, den wir mit dir, Paula, im Périgord verbringen werden, und ich träume auch vom darauf folgenden Sommerurlaub, den wir mit dir, Johanna, am selben Ort verbringen werden.

Paula, du hast mir kürzlich am Telefon so viel Mut gemacht, als du mit lachender Stimme und mit tiefer Überzeugung sagtest: »Oma Angela, das muss aber jetzt besser werden mit Hilfe der Operation, denn du willst ja mit mir in Urlaub fahren, und dort

wollen wir so viele schöne Sachen zusammen machen.« In deiner Stimme lag so viel Zuversicht, dass nicht eine Sekunde lang Zweifel aufkommen konnten, dass die Operation vielleicht doch keine Besserung bringen würde.
Ihr sollt wissen, dass ich keinen Tag meines Lebens missen möchte, denn jeder, auch ein schlechter Tag, war ein lebenswerter Tag, und auch schlechte Erfahrungen haben mein Leben bereichert. Ich hatte und habe immer noch ein schönes Leben. Ich bin zufrieden. Ich danke euch für alles und umarme euch!

Eure Oma Angela

7. Ein Traum

In der Nacht vor der Operation hatte ich einen merkwürdigen Traum.
Im Traum begegnete ich Ulrich, einem Parkinson-Kranken, mit dem ich mich freundschaftlich verbunden fühlte. Über ihn hatte ich Kontakt zu einer Selbsthilfegruppe im Internet: ›parkins-on-line‹ (PAoL) bekommen und auf diese Weise meinen Freundeskreis um zahlreiche liebenswerte Menschen aus der näheren und weiteren Umgebung erweitert.
Im Traum saß ich im Rollstuhl und fuhr eigenhändig mit diesem Gefährt in meinen Garten, um ein wenig Sonne zu tanken, als plötzlich völlig unerwartet wie aus heiterem Himmel Ulrich vor mir stand und mich aufforderte, mit auf die Straße zu kommen, weil dort jemand auf mich warte. Ich war erstaunt über seine fordernde und vorwurfsvoll klingende Stimme, erhob mich aus dem Rollstuhl und folgte ihm sofort bereitwillig ohne jede Nachfrage. Draußen auf der Straße war zunächst nichts Auffälliges zu sehen, und ich fragte Ulrich: »Was soll ich denn hier?« Ulrich schwieg und zeigte mit seiner Hand auf die gegenüberliegende Straßenseite, wo sich eine Menschenmenge schwarz gekleideter Personen versammelt hatte, deren Gesichter für mich aus der Distanz nicht zu erkennen waren. Ich konnte aber sehen, dass sich die Leute angeregt unterhielten. Ulrich gab mir mit einer Handbewegung zu verstehen, dass ich mich hinüber zu der Gruppe begeben sollte. Ich zögerte erst ein wenig, weil ich nicht so recht wusste, ob ich in dieser Gruppe überhaupt willkommen war und überquerte schließlich nach einer zweiten gestischen Aufforderung durch Ulrich die Straße. Kaum war ich in die Nähe der Menschenansammlung gekommen, richteten alle, die gerade noch in intensiven Gesprächen verwickelt schienen, ihre Blicke auf mich und lächelten mich an. Plötzlich bemerkte ich, dass ich viele der Anwesenden kannte. Es waren lauter Leidensgenossen, an Parkinson erkrankte Freunde, die bereits gestorben waren. Sie begrüßten mich fröhlich, strahlten förmlich vor Freude, mich wieder zu sehen und setzten dann ihre Unterhaltung fort, in die ich nun einbezogen war, so als gehöre ich schon immer zu diesem Kreis.
Ich erwachte von Stimmen, die ich nicht gleich zuordnen konnte. War es etwa Ulrich, den ich hörte, oder waren es meine verstorbenen Freunde auf dem Bürgersteig, die sich unterhielten? Ich blickte umher. Wo war ich gerade? Noch auf dem Bürgersteig inmitten der Freunde? Aber ich konnte, als ich die Augen öffnete, niemanden entdecken. Ach, das alles war nur ein Traum, dachte ich. Ein merkwürdiger Traum! Ich versuchte, so gut es ging, den Traum zu analysieren. Ja, ich hatte meine kranken, verstorbenen Freunde leibhaftig vor mir gesehen. Und es war eine

friedvolle, harmonische Versammlung, der ich im Traum beigewohnt hatte, mehr noch, in die ich integriert war. Ich wurde stutzig. Ich, inmitten vieler »auferstandener« Toten, ging es durch meinen Kopf. Was hatte das zu bedeuten? War ich dem Tode geweiht? War ich etwa schon mit einem Bein auf der anderen Seite? Nein, das wollte ich nicht glauben, denn zu Beginn des Traumes erhob ich mich problemlos und ohne jede Anstrengung aus dem Rollstuhl und folgte Ulrich zu Fuß. Ich wirkte gesund, so als hätte ich nie Parkinson gehabt.
Ich bemerkte, dass ich mich im Krankenzimmer einer Klinik befand. Ich fühlte mich elend. Gott sei Dank, dachte ich, es war wirklich nur ein Traum. Es war noch recht dunkel, nur durch die einen Spalt breit geöffnete Tür drang etwas Licht ins Zimmer. Da hörte ich wieder diese Stimmen. Es waren die Ärzte, die auf dieser Station stets schon um 7 Uhr ihre Visite machten.

8. Auseinandersetzung mit möglichen Folgen der THS

Seit nunmehr rund 22 Jahren habe ich Parkinson, diese unberechenbare, unheilbare und fortschreitende neurodegenerative Krankheit, die mir manchmal die Luft zum Atmen nimmt, die mir ordentlich zusetzt, die mich im Alltag auf harte Proben stellt, so dass ich sie am liebsten schon öfters zum Mond gejagt hätte: immer dann, wenn sie mir Einschränkungen über Maß abverlangt oder wenn ich erfahren muss, dass sie mich zu beherrschen versucht.
Manches Mal schaffte sie es, mich in die Knie zu zwingen und ich weinte erbärmlich, manches Mal ließ ich mich nicht unterkriegen, und ich setzte mich heftig zur Wehr, manches Mal gelang es ihr nicht, mich mit ihren Angriffen zu packen, mich zu beherrschen. Dann stand ich ihr erhobenen Kopfes gegenüber und fühlte mich wie ein aus einem Duell hervorgegangener Sieger; ein Sieger, der sich über die Parkinson-Krankheit erheben kann, der sich seiner Kräfte und seines Könnens bewusst ist.
Schon seit Jahren sprachen mich verschiedene Ärzte auf die Tiefe Hirnstimulation an. Sie konnten nicht nachvollziehen, wieso ich mich nicht operieren lassen wollte. Meine Argumente gegen die THS waren vielfältiger Art.
Zunächst wollte ich niemanden an meinen Kopf lassen. Wenn mir schon mein Körper nicht mehr zu gehorchen schien, indem er mir Beweglichkeit oder Steifheit gebot, je nachdem was ihm gerade beliebte, wollte ich auf keinen Fall meine

Gedanken auch noch »fremd bestimmen« lassen. Ich hatte große Sorge, dass durch einen operativen Eingriff mein Verstand womöglich auf der Strecke bleiben oder ich möglicherweise eine Persönlichkeitsveränderung erfahren könnte. Vielleicht würde ich dann vollkommen verrückt sein und in die geschlossene Abteilung einer Psychiatrie eingewiesen werden müssen. Schließlich könnte bei der Operation auch etwas schief laufen, eine Hirnschädigung passieren. Nein, allein die Vorstellung, dass in mein Gehirn Elektroden implantiert werden sollten, rief in mir nur Horrorvisionen hervor. Vielleicht würde ich ein psychisches Wrack werden, meine Familie nicht mehr erkennen, verwirrt bzw. völlig »neben der Spur« sein, zum Beispiel nur dummes Zeug reden und Unsinniges tun. Ich hatte gehört, dass es in einzelnen Fällen schon zu Persönlichkeitsveränderungen gekommen sein sollte.
Weitere denkbare Komplikationen könnten allergische Reaktionen oder gar Abstoßungsreaktionen gegenüber den Implantaten (Elektroden oder Neurostimulator) sein oder Infektionen an den Implantationsstellen. Auch dauerhafte Kopfschmerzen oder Schmerzen an den Implantationsstellen wären nicht grundsätzlich auszuschließen, ebenso wenig Krampfanfälle. Schließlich könnte der operative Eingriff am Kopf Sensibilitätsstörungen auslösen, etwa Taubheitsgefühle an der Kopfhaut, die unangenehm sein würden. Oder die Operation hätte eine Verschlechterung der Sprech- und/oder der Sehfähigkeit zur Folge. Eine weitere Gefahr bei einer THS bestünde darin, dass Blutgefäße verletzt werden. An die Folgen eines solchen Zwischenfalls mochte ich gar nicht erst denken.
Mir war klar, dass ich diese mit einer THS verbundenen Risiken nicht eingehen und niemanden an meinen Kopf heranlassen wollte. Mit einem Hirnschrittmacher würde ich manipulierbar sein. Mein Körper würde dann nur noch auf Knopfdruck funktionieren, was mir ordentlich Angst einflößte. Außerdem konnte mir niemand garantieren, dass die Operation auch den erhofften Erfolg bringen würde. Vielleicht würde sie ja auch misslingen oder gar die Symptomatik der Krankheit verschlimmern.
Ich reagierte also auf die Frage der Ärzte, wieso ich mich nicht der THS unterziehe, stets mit der Gegenfrage: Würden Sie denn jemanden an Ihren Kopf lassen? Würden Sie sich denn Elektroden implantieren lassen und all die Risiken auf sich nehmen? Meist folgte hierauf ein betretenes Schweigen. In einem Fall dachte der Arzt eine Weile nach und pflichtete mir dann bei: »Wenn ich ehrlich bin, ich verstehe Sie gut und glaube, ich würde mir einen solchen Eingriff auch wohl überlegen. Man muss sich mit dieser Möglichkeit intensiv auseinandergesetzt haben, ehe man eine Entscheidung treffen kann, und jeder muss diese Entscheidung für sich

selbst treffen, ob er sich den Risiken aussetzt oder nicht.« Doch er gab auch zu bedenken, dass es wohl vom Leidensdruck des jeweiligen Patienten abhänge, wie diese Entscheidung ausfalle und weiter, dass die THS ja durchaus reversibel sei und die Stimulation jederzeit ausgeschaltet werden könne, indem man die Stromzufuhr unterbreche bzw. ganz abbreche. Ein Vorteil dieser Möglichkeit sei der, dass künftige Therapieoptionen erhalten blieben.

Ich hatte das Gefühl, dass meine Gedanken und Vorbehalte gegenüber der THS zum ersten Mal von einem Arzt ernst genommen wurden und mich der Arzt zu verstehen versuchte.

Diese Pro-Argumente gaben mir noch einmal zu denken und regten mich zu einer weiteren Auseinandersetzung mit der THS an. Ich beschäftigte mich immer intensiver mit dieser Operationsmethode.

Ich recherchierte über Kliniken, in denen die THS durchgeführt werden konnte, befragte Freunde und Bekannte, Krankenhäuser, Ärzte und nutzte Telefonhotlines als Informationsquellen. Immer wieder wurde mir der gleiche Arzt empfohlen, den ich später persönlich als einen menschlich sehr angenehmen und fachlich äußerst kompetenten und gewissenhaften Arzt kennenlernen durfte. Ich erfuhr, dass man sich am besten in einer Klinik zur Vorbereitung auf die THS anmeldet. Dort würde man einen Termin für die Operation in einem anderen Hospital bekommen und nach erfolgter Operation zur Nachsorge wieder in das Krankenhaus zurückkehren, das die Voruntersuchungen durchgeführt hatte.

Die THS wurde bis dato nur bei bestimmten Patienten durchgeführt: Sie sollten möglichst unter siebzig Jahre alt sein, keine Demenz-Erscheinungen und Verwirrtheitszustände aufweisen, Parkinson im fortgeschrittenen Stadium haben (d.h. starke Fluktuationen der Beweglichkeit, einen häufigen Wechsel von on- und off-Phasen, oftmals heftige Dyskinesien oder einen starken Tremor). Die Kandidaten sollten noch gut auf L-Dopa ansprechen, andere Behandlungsmöglichkeiten sollten bei ihnen bereits ausgereizt sein (z.B. medikamentöse Behandlungen) bzw. keine wirklich Erfolg versprechende Behandlungsalternative darstellen, und es sollten keine schwerwiegenden anderen Erkrankungen vorliegen, die einer erfolgreichen THS im Wege stünden. (In jüngster Zeit wird auch die Möglichkeit der sog. »frühen THS« diskutiert, ein operativer Eingriff also schon in einem relativ frühen Krankheitsstadium – s. Kap. 37).

Die für die THS geforderten Bedingungen erfüllte ich glücklicherweise. Ich kam letztendlich zu dem Schluss, bei Abwägung aller Argumente, dass die THS die sinnvollste Behandlungsmöglichkeit für mich sei.

Mein Leidensdruck war inzwischen so groß geworden, dass ich diese Operation regelrecht herbeisehnte. Je eher, desto besser, dachte ich, denn ich hampelte herum und zappelte wie ein Spastiker, fiel vor lauter Überbewegungen beim Frühstück vom Stuhl, warf versehentlich Geschirr vom Tisch und zerschlug während der kommenden Wochen mehr Porzellan als zuvor in meinem ganzen Leben. So schnell wie meine Dyskinesien auftraten, so schnell und plötzlich schlug die Beweglichkeit in totale Steifheit um.
Meine Rückenprobleme nahmen wieder zu, und eine erneute Behandlung im Institut für Mikro-Therapie blieb ohne durchschlagenden Erfolg.
Ich erhielt recht bald einen Aufnahmetermin. Die Ärzte nahmen alle möglichen neurologischen Untersuchungen vor und checkten mich komplett durch, denn nicht jeder Parkinsonkranke ist ja wie beschrieben ein geeigneter THS-Patient.
Das schönste für mich war, dass ich direkt einen Anschlusstermin für die Operation bekam und nicht mehr zwischendurch nach Hause musste. Ich wurde also direkt in die Klinik verlegt, in der ich operiert werden sollte. Nach etlichen Terminverschiebungen aufgrund unterschiedlichster Probleme (erhöhte Leberparameter im Blut, Defekt am MRT-Gerät, angeblich erhöhter Quick-Wert in meinem Blut, was sich als Fehlmessung erwies) war endlich der Operationstag herangerückt.
Im Normalfall wird die THS nur zu Beginn unter örtlicher Betäubung, dann ohne weitere Narkose durchgeführt. Der Neurochirurg hatte sich in meinem Fall für eine Operation unter Vollnarkose entschieden, da er der Meinung war, dass ich wegen meiner massiven Rückenprobleme die Operation nicht durchstehen würde. Er war sicher, den richtigen Zielort für die Elektroden auch in Vollnarkose zu finden. Ich hatte volles Vertrauen in ihn.

9. »Es ist alles überstanden« – die THS

Am Morgen des Operationstages wurde ich vorbereitet: Ich zog das »Engelhemdchen« und die Thrombosestrümpfe an und wurde in den Operationssaal hinuntergefahren. Einen Augenblick lang dachte ich darüber nach, ob ich von der Liege springen und weglaufen sollte. Als mich dann aber der Anästhesist, mit dem ich tags zuvor ein sehr ausführliches und angenehmes Gespräch hatte, freundlich anlächelte und sagte: »So, liebe Frau Rechmann, jetzt werden noch eben die Haare rasiert, und dann setze ich Ihnen eine kleine Spritze, wonach Sie einen kleinen blauen Traum haben und ein wenig schlummern werden«, entschied ich mich, den eingeschlagenen Weg nun auch zu Ende zu gehen.

Die Operation dauerte gut neun Stunden. Als ich aufwachte, lächelte mich der Anästhesist wieder an und sagte: »Frau Rechmann, es ist alles überstanden. Die Operation hat wunderbar geklappt. Sogar der Generator ist schon implantiert, also keine weitere Operation mehr nötig. Sie haben hervorragend mitgearbeitet.« Dabei grinste er selbstzufrieden.

«Es ist alles überstanden.« Mehrmals wiederholte ich diesen Satz in Gedanken. Als hätte ich gerade meine zweite Geburt erlebt und ein neues Leben gewonnen, so fühlte ich mich in diesem Moment. Ein Glücksgefühl, für das es eigentlich keine Worte gab. Ich hätte diesen Satz: »Es ist alles überstanden« am liebsten in die Welt hinausgeschrien.

Ich lächelte und brachte vor lauter Glück nichts anderes hervor als ein »Gott sei Dank!« Alle Ängste und inneren Nöte waren schlagartig wie weggeblasen und ja – es war wie ein Wunder: Ich spürte meinen Körper wieder als das, was mir gehörte und mir gehorchte. Ich hatte ein angenehmes Körpergefühl, ich merkte, dass ich nicht mehr steif war, dass wieder Leben in meinen Körper zurückgekehrt war. Ich spürte, dass mein Körper beweglich war.

Einen glücklicheren Augenblick konnte ich mir nicht vorstellen. Meine Ausdrucksmöglichkeiten, diesen Moment angemessen zu beschreiben, versagen an dieser Stelle. ☺ Ich war einfach nur unendlich froh und selig, die Operation überstanden zu haben. Ich weinte Freudentränen.

Zunächst war ich mit Sicherheit froh darüber, wieder aus der Narkose erwacht zu sein und zu erleben, dass ich auf eine Ansprache reagieren konnte. Nach einem langen Tiefschlaf war ich also wieder »zurück in diese Welt gekehrt«, und sie war mir vertraut. Der Anästhesist hatte mir mitgeteilt, dass die Operation gelungen war. Seine Stimme klang so, als ob er aus weiter Ferne zu mir sprechen würde. Im Raum, der mir noch unendlich groß erschien, verhallten seine ersten Worte. Nach und nach näherte sich seine Stimme, und ich erblickte den Arzt, erst verschwommen, dann immer klarer, wie er geschäftig an irgendwelchen medizinischen Instrumenten hantierte, sich dann die Gummihandschuhe abstreifte und die Hände wusch.

Ich versuchte, meine Beine anzuziehen. Es klappte gut. Ich prüfte meine Hände. Auch sie waren beweglich. Eine innere Freude durchdrang mich. Ich strahlte wie ein Honigkuchenpferd: Ja. Ich hatte diese nicht ungefährliche, lange Operation überstanden und wie mir schien mit Erfolg, denn ich hatte keine verkrampften und steifen Gliedmaßen mehr.

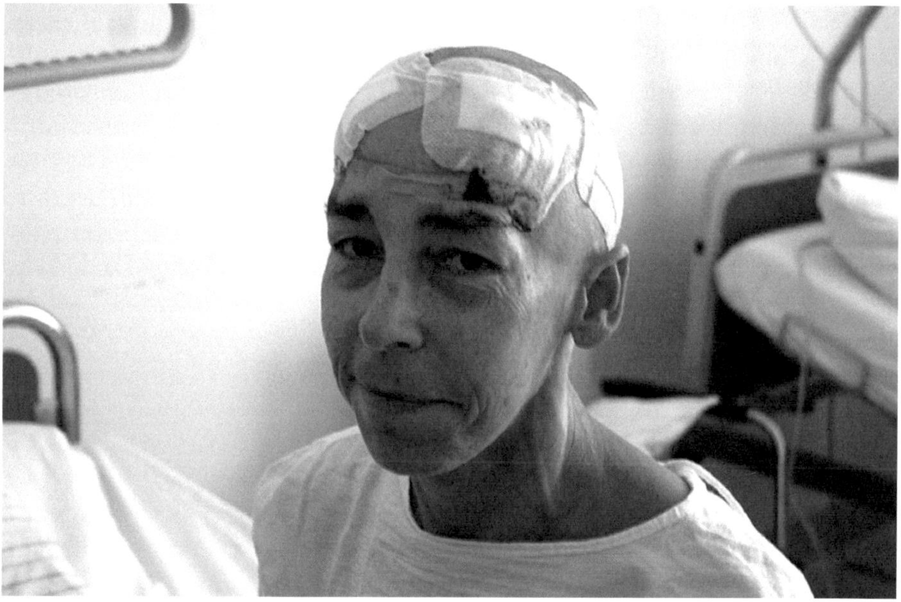

Ich wagte kaum, mir dieses unendlich große Glück vorzustellen Zufrieden schloss ich die Augen, denn die Lider waren noch bleischwer, und ich nickte wieder für eine Weile weg.
Was kann einen Menschen glücklicher machen, als ein lang ersehntes Ziel erreicht zu haben, als zu erleben, dass ein zutiefst ersehnter Wunsch Wirklichkeit wird oder dass eine Hoffnung, an die man sich wie an einen Strohhalm geklammert hat, sich erfüllt? Ich war einfach nur noch glücklich, sozusagen das Glück in Person.

Es geschehen Wunder

Vom Wunder sprachlos – wie benommen
das Leben neu geschenkt bekommen
Als sei der Körper neu geboren
hab' ich die Steifigkeit verloren
und auch die Starre im Gesicht
ist fort, es gibt sie nicht
Ich lebe wieder

Tatsächlich: Ein neues Leben hatte für mich begonnen. Ich wurde auf die Wachstation gefahren, auf der die frisch Operierten einige Zeit beobachtet werden, ehe sie auf die Normalstation kommen. »Ich brauche nur ein wenig den Kopf zu drehen, dann sehe ich den Ort, an dem ich vor zweieinhalb Jahren ins Leben zurükkgekehrt bin«, hatte mir ein Freund einmal gesagt, der sich der THS schon vor Jahren mit Erfolg unterzogen hatte, und er meinte damit die Klinik, in der diese Operation durchgeführt worden war. Bisher hatte ich mich immer geweigert, diesen Schritt auch zu gehen. – Und nun war alles überstanden. Gott sei Dank!

Rückkehr des verlorenen Sohnes

Mein Körper
der verlorene Sohn
ist zurückgekehrt
Ich schließe ihn in meine Arme
Ich spüre ihn wieder
wie einst
So schön ist das!

Oben auf der Station warteten Bernd und unsere jüngste Tochter Lena schon sehnsüchtig auf mich. Bernd bemerkte als erster, dass ich so gelassen und gemütlich wie sonst nie im Bett lag: Ich hatte eine Hand nach oben unter dem Kopfkissen abgelegt. Erstaunt sagte er »Du kannst dich ja wieder richtig gemütlich ins Bett legen. So hab ich dich ja schon ewig nicht mehr liegen sehen.« Mir selbst war das noch gar nicht aufgefallen, aber ich lag erstmalig wieder richtig bequem im Bett. Wenngleich ich auch die Nacht nach der Operation kaum ein Auge zutun konnte, vermutlich wegen der großen Aufregung, so hielt mein Glücksgefühl in den nächsten zwei Tagen nach der Operation an, denn ich war sehr gut beweglich und konnte quasi durchgehend den ganzen Tag lang laufen: War das nicht ein Beweis dafür, dass die Neurochirurgen trotz Vollnarkose die Zielpunkte für die Elektroden tatsächlich genau getroffen hatten?

Gesätes wird reif

Eine kleine Muschel
wie eine Wiege gewölbt
schaukelt dich
über die Wellen
des Er-Lebens
hinauf und hinab
über Wildwasser
und stille Seen
durch Abgründe und Höhn
durch Hagel und Sturm
durch seichtsanfte Böen
und mündet im Moos
samtweich wie Flaum
lagert dich leicht
in einer Mulde
mutterschoßgleich
spürst Anfang
spürst Ziel
frei von der Last
vom Wollen und Mühen
zum Selbstsein erwacht.
Gesätes wird reif.

Doch auf die anfängliche Euphorie sollte schon bald die Ernüchterung folgen.

10. Stationäre Einstellung des Generators

Nach der erfolgten THS ging es mir zunächst hervorragend, doch ich war insgesamt noch sehr angespannt und dachte über all das, was in der letzten Zeit so ungeheuer Aufregendes geschehen war, nach. Das wollte erst einmal verarbeitet werden. Am kommenden Morgen fühlte ich mich schlapp. Mir fehlte der Schlaf nach all

den Strapazen der letzten Wochen. Außerdem hatte ich von dem langen Liegen auf dem Operationstisch eine Druckstelle am Gesäß, die heftig schmerzte. Insgesamt aber verbesserte sich mein Zustand zusehends.
Am zweiten Tag nach der Operation erschrak ich, als ich morgens in den Spiegel blickte. Ich hatte ein blaues Auge, so als hätte ich gerade einen Boxkampf hinter mir. Mein Bauch und die Innenseiten meiner Oberschenkel waren ebenfalls blitzeblau. Ich fand, dass ich aussah wie ein Monster oder auch wie ein verschüttet gewesenes Erdbebenopfer, als am dritten Morgen nach der THS auch noch das zweite Auge blutunterlaufen war. Auf Nachfrage erfuhr ich von den Ärzten, dass es bei ca. 20% der Operierten zu diesen Reaktionen komme und die Blutergüsse an den Augen Folgen der Fixierung des Kopfes in dem Stereotaxierahmen sei, damit jede auch nur kleinste Bewegung ausgeschlossen werden könne. Bei einer solchen »Verschraubung« sei es möglich, dass kleine Adern verletzt werden und die daraus folgenden Blutungen in die nahe gelegenen Weichteile, und das sind die Tränensäcke oder die Lider, abfließen würden.
Aber was soll's? Was waren schon ein paar blaue Flecken im Vergleich zu meiner wieder gewonnenen Beweglichkeit? Ich konnte wieder wie ein junges Reh über die Flure der Station springen, obwohl mein Generator noch gar nicht angestellt war. Mein Körper war insgesamt beweglicher als vor der Operation und das, obwohl ich

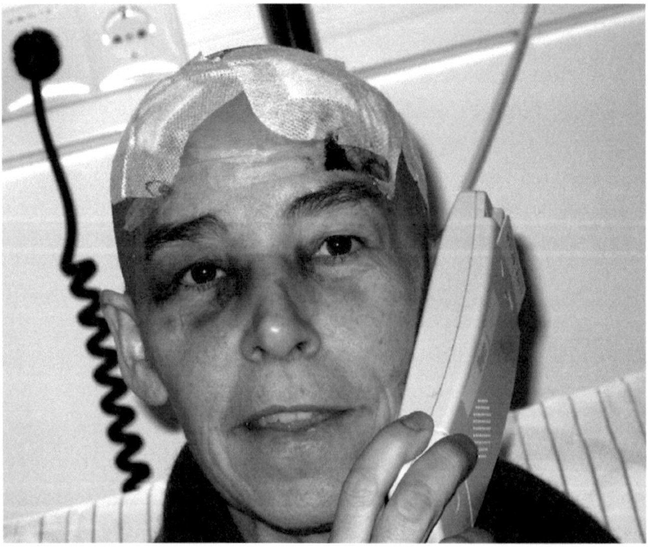

nur noch die Hälfte bis ein Drittel der Medikamente (gemessen an der Dosis, die ich vor der THS brauchte) einnahm. Ich konnte immer noch nicht glauben, was da geschehen war. Manchmal dachte ich, ein Film laufe vor mir ab, wenn ich mir vor Augen führte, dass ich in diese Operation eingewilligt hatte. Die Ärzte erklärten mir, dass diese Beweglichkeit unmittelbar nach der THS eine ganz gewöhnliche Erscheinung sei. Allein durch das Setzen der Elektroden im Hirn werde der Patient für eine gewisse Zeit beweglich, da die präzise Implantation der Elektroden (an der Stelle, an der das Dopamin gebildet wird) an sich schon eine vorübergehende Stimulation bewirke, ohne dass der Generator bereits eingeschaltet ist. Dieses Phänomen heiße Setzeffekt.

Doch dann kam der Rückfall. Am vierten Tag nach dem Eingriff war ich plötzlich so steif wie ehedem. In der Klinik, in der ich operiert worden war, nahm man keine Einstellung des Neurostimulators vor, sondern die Patienten wurden entweder in eine nahe gelegene Rehabilitationsklink verlegt, die sich mit der Einstellung dieser Geräte auskannte, oder sie wurden zurück in das Krankenhaus überwiesen, in dem sie auf die Operation vorbereitet worden waren, um eine Einstellung des Generators vorzunehmen. Die sich daran anschließende Feinjustierung erfolgte auf jeden Fall in einer darauf spezialisierten Reha-Klinik.

Für mich stand eine Verlegung in das Krankenhaus an, das die vorbereitenden Tests vor der OP durchgeführt hatte. Doch weil gerade Wochenende war, geschah nichts, und mir blieb nichts anderes übrig, als abzuwarten, bis endlich mit der ersehnten Stimulation begonnen werden konnte.

Die folgende Zeit wurde eine harte Geduldsprobe. Erst am sechsten Tag nach der Operation und nur in ganz kleinen Schritten von jeweils 0,1 Volt wurde mit der Stimulation begonnen. Dieser relativ späte Beginn der Stimulation hatte damit zu tun, dass ich immer noch überbeweglich war, obwohl ich nach der Operation nur halb so viel Dopamin einnahm wie vor der THS. Der behandelnde Arzt wollte erst mit der Stimulation bzw. Einstellung des Generators anfangen, wenn diese Dyskinesien weniger geworden waren. Da gerade wieder ein Wochenende bevorstand, an dem der Arzt nicht mit der Stimulation beginnen wollte, wurde ich erneut auf eine harte Probe gestellt.

Ich war nervlich ziemlich angeschlagen und hatte den Eindruck, einem ständigen Auf und Ab der Gefühle ausgesetzt zu sein. Gerade in dieser schweren Zeit bedeutete mir meine Familie unendlich viel, sie unterstützte mich, wo sie nur konnte, munterte mich auf, tröstete mich, wenn ich traurig war. Kurz gesagt, sie war immer für mich da, wenn ich sie brauchte, sie war ein Segen für mich (und ist es heute

noch immer). Ohne ihr Mitfühlen, ihr Mitbangen und ihre Mitfreude hätte ich diesen Weg nicht unbeschadet überstanden.
Ähnlich war das Verhalten meines Freundes- und Bekanntenkreises: Alle kümmerten sich rührend um mich, erkundigten sich nach meinem Wohlbefinden, besuchten mich in der Klinik, schrieben mir liebe Briefe oder ließen mir Grüße ausrichten. Ich habe diese Beweise der Zuwendung und des Interesses an mir und meinem Befinden in dieser Zeit sehr genossen, ja ich fühlte mich regelrecht abhängig von ermutigenden Worten und Gesten, von Verständnis für mich und meine Nöte. Ich glaube, dass diese Aufmunterung mir sehr geholfen hat und mich davor bewahrt hat, in Depressionen zu verfallen. Ich war damals und bin heute noch sehr dankbar dafür, dass mich so viele liebe Menschen begleitet und durch diese nicht einfache Zeit getragen haben, denn seelisch aufgebaut zu werden, ist gerade für den Patienten, der sich der THS unterzogen hat, enorm wichtig, da er in der ersten Zeit nach der Operation heftigen Stimmungsschwankungen ausgesetzt ist.
Ein guter Freund, der ebenfalls an Parkinson erkrankt ist und sich der THS unterzogen hatte, erklärte mir, dass die Operation natürlich einen massiven Eingriff ins Gehirn darstelle und dass der Körper diesen erst einmal verarbeiten müsse. Die unterschiedlichen Gefühlszustände seien von daher durchaus verständlich und nachvollziehbar. Diese Argumentation führte ich mir stets wieder vor Augen, wenn ich massiven Stimmungsschwankungen ausgesetzt war, die mich in einen steten und nicht vorhersehbaren oder steuerbaren Wechsel seelischer Zustände katapultierten.
Meine Tochter Hannah gab mir dazu noch einige Tipps zur Stimmungsaufhellung. Sie empfahl mir ein »Tagebuch der schönen Stunden« zu führen, in das ich regelmäßig alle froh machenden Erlebnisse eines Tages eintragen solle. Immer dann, wenn mich ein Stimmungstief ereilte, konnte ich in das Tagebuch schauen und lauter gelungene, schöne Momente, die ich erlebt hatte, nachlesen und auf diese Weise ein »Licht am Ende des Tunnels« entdecken. Eintragungen in dieses Tagebuch gibt es zuhauf. Ein paar führe ich hier auf:
»Ich bin glücklich, dass ich keine Überbewegungen mehr habe.
Juchuuuu!!! Ich konnte den ganzen Tag lang ohne Einschränkung laufen.
Heute hatte ich viel Besuch und habe viel gelacht. Unter anderem hat mir Ulla einen Überraschungsbesuch abgestattet.
Ich konnte aus dem Fenster des Krankenzimmers einen wunderschönen Regenbogen sehen. Jeanette rief mich aus Berlin an und quatschte lange mit mir.
Ich habe heute die Erlaubnis bekommen, dass meine Familie mich am Wochenende ein paar Stunden nach Hause holen darf. Ich freue mich riesig darauf.

Meine Enkelkinder haben mich besucht und gesagt: ›Oma, wenn du etwas zum Kotzen findest, dann sage uns einfach, dass du es zum Kotzen findest‹. Und Johanna ergänzte dann: ›Wenn dir zum Kotzen ist, dann schreibe ich dir einen Brief, ja?‹«
Nach einer Operation, die erfolgreich verlaufen ist, erwartet der Patient, dass nun alles wieder gut ist und die Probleme, die zuvor existierten, ad acta gelegt werden können. Aber weit gefehlt! Nach der Operation braucht es noch eine lange Zeit, bis man die richtige (für den jeweiligen Patienten optimale) Geräte-Einstellung und folglich die optimale Stromzufuhr gefunden hat und die THS ihre volle Wirkung entfalten kann.
So manches Mal war ich schier verzweifelt, weil der Prozess der Einstellung des Stimulators so unendlich lange zu dauern schien. Der Stimulator wurde zunächst auf Sparflamme gesetzt. Meine Ungeduld mündete schließlich darin, dass der behandelnde Arzt, um den langwierigen Einstellungsprozess etwas zu beschleunigen, die Stromstärke des Generators um 0,2 Volt erhöhte, statt wie sonst um nur 0,1 Volt pro Tag. Die Folgen dieser »Abkürzung« bei der Einstellung waren verheerend: Ich landete schlagartig in einem depressiven Loch. Nichts konnte mich mehr erfreuen, ich war nur noch tief traurig, antriebslos und fast lethargisch. Ausgerechnet an diesem Tag besuchten mich meine Kinder, und ich konnte mich nicht einmal darüber freuen. Bis zum Nachmittag ertrug ich diese Stimmungslage, dann ließ ich den Arzt anfunken mit der Bitte, die Einstellung des Stimulators wieder zu ändern, indem die Stromstärke wieder reduziert wurde. Kaum war das geschehen, spürte ich Erleichterung: Ich wurde wieder fröhlich, konnte wieder lachen und scherzen, und alle Traurigkeit war dahin.

Komm, kleiner Flötenspieler

Komm, kleiner Flötenspieler
Spiel mir eine Melodie
bei der die Töne Pirouetten schlagen
wie einst
damit die schweren, dumpfen Töne
vertrieben werden

Ziemlich zu Beginn der Einstellung nahmen die Ärzte einen »Probelauf der Elektroden« vor, das heißt: Sie testeten, auf welchen Punkten bzw. Polen der jeweiligen Elektroden meine Beweglichkeit am besten war und es zudem keine unangenehmen Nebenwirkungen gab. Diese Testung, die sehr zeitaufwändig ist, fand ich äußerst anstrengend. Jeder einzelne Pol wird von 0 Volt soweit hochgefahren, bis der Patient sich ideal eingestellt fühlt und negative Begleiterscheinungen der Einstellung ausgeschlossen werden können.

Der Arzt versucht also auf diese Weise herauszufinden, welche Pol-Kombination die beste und welche Stromstärke die ideale für den Patienten ist. Bei dieser Untersuchung werden die Sprech-, Gedächtnis- und Konzentrationsleistungen des Patienten überprüft. Er muss beispielsweise einen Text (das kann ein Gebet, ein Gedicht oder irgendein Vers sein) auswendig wiedergeben, er soll die Wochentage laut und deutlich sprechen. Außerdem soll er Zahlenreihen bilden, die z. B. von 397 in Dreierschritten rückwärts zu rechnen sind. Beweglichkeits- und Geschicklichkeitsübungen sind ebenfalls vorzuführen: laufen, aus dem Sitz aufstehen, Handdrehung (als drehe ich eine Glühbirne ein), Zeigefinger bei geschlossenen Augen zur Nasenspitze führen, eine Minute lang immer wieder eine Taste in möglichst schneller Abfolge drücken. Diese Übung erfolgt im Wechsel zunächst mit dem Zeigefinger der rechten und dann der linken Hand. Gemessen wird hierbei, wie oft es dem Patienten in der vorgegebenen Zeit gelungen ist, die Taste herabzudrücken und wie oft dies mit der rechten im Vergleich mit der linken Hand gelungen ist. Zu guter Letzt wird der Patient aufgefordert, seine seelische Verfasstheit bzw. seine psychische und emotionale Stimmungslage zu beschreiben, damit der Arzt die für diesen Patienten ideale Einstellung finden kann.

In meinem Fall geschah plötzlich etwas Merkwürdiges. Bei einer bestimmten Einstellung und bei einer bestimmten Kombination der Pole, bekam ich massive Sehstörungen: Ich hatte den Eindruck, dass alles um mich herum plötzlich auf dem Kopf stand und dazu auch noch doppelt vorhanden war.

Diese Sehstörung machte mir noch einmal deutlich, wie sehr ich durch diese Operation manipulierbar geworden war. Denn je nach Einstellung des Neurostimulators konnte der Patient in eine traurige, ängstliche, depressive oder fröhliche, euphorische oder auch aggressive etc. Grundstimmung versetzt werden. Ich fand zwar, dass die Operation eine enorme Verbesserung der Lebensqualität gebracht hatte, zugleich aber auch erhebliche Gefahren in sich barg. Meine Angst: Der Mensch wird grundsätzlich manipulierbar, sozusagen zu einer Marionette degradiert, mit der man spielen kann. Nur einmal an einem Faden gezogen und schon halte ich eine Puppe, die je nach Wunsch lustig oder traurig ist oder sonstige Gefühle zeigt, in den Händen.

Ein Neurochirurg berichtete mir einmal, dass er einem Patienten begegnet sei, der unentwegt lachte, ja, er lachte sogar, wenn man ihm Trauriges erzählte und hätte mit Sicherheit auch gelacht, wenn man ihm die Nachricht vom Tod seiner Mutter überbracht hätte. Dieser Patient hatte auch die Tiefe Hirnstimulation machen lassen und war frisch, aber falsch eingestellt worden. Durch eine Neueinstellung der Stimulation ließ sich sein Verhalten wieder regulieren.

So unglaublich fantastisch es ist, dass es die Möglichkeit einer solchen Operation gibt, so unglaublich beängstigend sind die Manipulationsmöglichkeiten, die die Operation zumindest theoretisch eröffnet.

Mir wurde zunehmend klar, dass ich zwar theoretisch manipulierbar geworden war, aber niemand ein Interesse daran hatte, dies auszunutzen, und dass der Gewinn, den ich aus der THS zog, alles andere überwog. Besonders vor der Operation fühlte ich mich oft fremdgesteuert, weil mir mein Körper nicht mehr zu gehorchen schien. Er machte mit mir, was er wollte, was ihm beliebte, so dass ich meinen Körper als einen Fremdkörper empfand, der gar nicht zu mir gehörte, sondern sich von mir abgespalten hatte.

Ich setzte mich ausführlich mit der Krankheit und ihrer Wirkung auf meine Person auseinander, und ich kam zu dem Schluss, dass Morbus Parkinson mir zwar körperlich zusetzen, aber mir nicht meinen Verstand rauben kann!

Ein Phänomen, das ich nach der THS beobachten konnte, war, dass ich noch eine geraume Zeit nach dem operativen Eingriff eine ungeheure Müdigkeit verspürte und ständig völlig erschöpft war. Der Hauptgrund dafür waren meines Erachtens die wieder zurück gewonnenen Bewegungsmöglichkeiten, denn nach der Operation war ich in der Lage, wieder ausgedehnte Spaziergänge zu machen und permanent in Bewegung zu sein. Mein Erschöpfungszustand lässt sich vermutlich damit erklären, dass ich nun vom einen auf den anderen Tag wieder Bewegungsabläufe beherrschte, die mir lange Zeit verschlossen geblieben waren. Ich gönnte mir zunächst auch wenig Rast und Ruhe, weil ich so überaus glücklich war, endlich wieder beweglich zu sein und vieles anpacken und leisten zu können. Gleichzeitig musste ich feststellen, dass mein Vertrauen in meine körperlichen Fähigkeiten in den letzten Jahren so sehr gelitten hatte, dass ich mir vieles mental nicht mehr zutraute, obwohl es körperlich jetzt möglich war.

In den ersten Wochen und Monaten nach der Entlassung aus dem Krankenhaus musste ich immer wieder ambulante Termine vereinbaren, um im Alltag sich erst

zeigende Unzulänglichkeiten der Einstellung beseitigen zu lassen. Erst nach ca. sechs Monaten war ich mit der Einstellung zufrieden.
Erfahrungen anderer Operierter zeigen, dass es gut und gerne auch ein ganzes Jahr dauern kann, ehe die postoperative Feineinstellung als erfolgreich bezeichnet werden kann. Eines aber bleibt den Betroffenen nicht erspart: Da die Parkinson-Krankheit trotz der Stimulation weiter fortschreitet, müssen die Stimulationsparameter immer wieder periodisch an den sich verändernden gesundheitlichen Zustand des Patienten angepasst werden.
Der mich behandelnde Arzt im Krankenhaus, der auch meinen Generator nach und nach »hochgefahren« hatte, sagte immer, dass das L-Dopa die »Schokolade für das Gehirn« sei, die man dem Patienten nicht einfach entziehen könne. Der Körper habe sich daran gewöhnt und brauche dieses L-Dopa auch, was nicht bedeute, dass man nicht versuchen solle, allmählich die Einnahmemenge zu reduzieren oder die Zufuhr völlig einzustellen. Der größte Erfolg für mich war, dass die innere Steifheit, die permanente Muskelanspannung, nicht mehr da war, dass ich beweglich war. Natürlich kamen auch Tage, an denen es nicht so klappte, wie ich es mir wünschte. Ich war nach wie vor wetterfühlig und entsprechend zeigte sich Sir James mal von seiner freundlichen und mal von seiner hässlichen Seite.
Auch wenn ich phasenweise Gehprobleme hatte und Außenstehende sich dann fragten, was denn die Operation jetzt eigentlich gebracht habe und in solchen Momenten den Erfolg der THS anzweifelten, hatte ich so viel Lebensqualität gewonnen, dass ich diese nicht mehr missen wollte. Die anfänglichen bzw. zeitweiligen Gehprobleme hatten auch damit zu tun, dass bei einem Parkinson-Kranken, der über viele Jahre L-Dopa bekommen hat, sich im Laufe der Zeit das Denkmuster im Gehirn festsetzt, er könne nur laufen, nachdem er L-Dopa eingenommen und es zu wirken begonnen habe. Nach der THS nun brauchte ich objektiv weniger L-Dopa, weil der Generator für die Beweglichkeit sorgte und auch das Laufen ermöglichte. In meinem Kopf allerdings herrschte noch einige Zeit lang das alte Denkmuster vor, dass ich nur laufen könne, wenn mein Gehirn auch »seine Schokolade« bekommen hat. Mit anderen Worten: Ich hätte zwar laufen können, weil der Generator mir zu den motorischen Fähigkeiten verhalf, aber mental hatte ich noch einige Zeit lang eine Sperre, die mich gelegentlich davon abhielt, diese neu gewonnene Fähigkeit auch ohne eine erneute L-Dopa-Gabe zu realisieren.
Wenn ich mich in einem Zustand wähnte, wieder recht unbeweglich zu sein, konnte ich durch gezielte Konzentration auf gewöhnliche Gehmuster erreichen, ein Bein vor das andere zu setzen und einen Schritt nach dem anderen zu machen, mich also

in Bewegung zu setzen. Beim gesunden Menschen geschieht das sozusagen automatisch, was ich mir erst mühselig erarbeiten musste, indem ich die mentale Barriere erst allmählich durchbrechen musste und manchmal heute noch muss.
Es bedarf schon einiger Zeit, das verloren gegangene Vertrauen in die eigenen Fähigkeiten zurück zu gewinnen, sich wieder zuzutrauen, sich alleine frei zu bewegen, etwa Einkäufe allein zu tätigen, Auto zu fahren, etc. Die THS bedeutet eben nicht, dass der Patient/die Patientin gesund wird, wohl aber, dass das Leiden geringer wird.
Nach der Operation stellte ich mir oft die Frage, wer ich eigentlich jetzt bin: verkabelt, verdrahtet, mit Generator im Bauch. Mein »Kabelbruch«, der ein gutes halbes Jahr nach der Operation auftrat, warf mich noch einmal besonders auf diese Fragen zurück. Fragen, die ich mir so vor der Operation gar nicht gestellt hatte, weil ich nicht in der Lage dazu war, sondern nur noch auf Erlösung von meinem unerträglichen Zustand hoffte. Alles andere war mir damals völlig gleichgültig. Jetzt aber beschäftigten sie mich sehr:
War ich mit einer Marionette vergleichbar, sozusagen fremd gesteuert?
Konnte ich nur noch mit Strom in Gang gesetzt werden?
Wie lange würde diese regelmäßige Stromzufuhr im Gehirn gut gehen?
Wann würden erste Nebenwirkungen auftreten?
Konnten andere Hirnareale durch die ständige Impulsgebung dauerhaft geschädigt werden?
Nach manchen Überlegungen und Grübeleien kam ich allerdings zu dem Schluss, dass ich eine richtige Entscheidung getroffen hatte, denn auch vor der Operation war ich abhängig, zwar nicht von Strom, sondern von einem ordentlichen Tabletten-Cocktail, dass mich wohl nicht minder »fremd steuerte« und mir unangenehme Nebenwirkungen bescherte, wie ich sie ja schon vor der Tiefenhirnstimulation erleben konnte, zum Beispiel die heftigen Dyskinesien. Außerdem hatte ich glücklicherweise durch die Operation keine Beeinträchtigungen meines Verstandes erfahren.
Noch heute, sieben Jahre nach diesem operativen Eingriff, bin ich begeistert von dem Ergebnis der THS. Sie war die beste Entscheidung in meinem Parkinson-Leben, und ich habe diesen Schritt bis zum heutigen Tag nicht eine Sekunde lang bereut. Ich schrieb diese Gedanken in einem Gedicht nieder:

Die Krankheit

Wie ein Färbemittel
durchtränkt sie dich
webt sich in jede Faser

erbarmungslos
Dein Körper
ein Fremdkörper
fremd gesteuert
Nicht so dein Geist

11. Die zurück eroberte Freiheit

Ich hatte nun alles überstanden. Und der Erfolg der THS hielt an, erwies sich als dauerhaft.
Ich wusste nicht, wie ich den Dank über den Operationserfolg angemessen ausdrücken sollte. Auch heute noch kann ich manchmal nicht fassen, was damals geschehen ist, und es kommt mir so vor, als sei all das nicht wirklich passiert.
Ich strahlte Glück und Zufriedenheit aus, konnte wieder entspannt lachen und Späße machen. Ich beschloss, möglichst keine Tränen mehr zu vergießen, außer Freudentränen. Ich wollte wieder fröhlich sein und die Krankheit, so gut es ging, vergessen. Sie sollte nicht mehr meinen Alltag bestimmen und mich beherrschen, damit ich frei werden konnte für die gesunden Anteile in mir. Ich wollte frei werden für das Schöne im Leben, für den Garten, die Kinder und Enkelkinder, für das familiäre Leben, für meine Malerei und für meine schriftstellerische Arbeit. Ich freute mich auf die Reisen, die Bernd und ich geplant hatten. Ich freute mich auf Unternehmungen mit Freunden. Ich wusste, dass es jetzt bergauf gehen würde. Ich war zuversichtlich und überglücklich.☺
Es gibt viele Gründe, froh zu sein, dass ich diese Operation gewagt habe: Ich bin kein Pflegefall mehr, brauche keinen Rollstuhl mehr, keine Hilfe mehr beim Aufstehen, beim Anziehen. Meine Rückenschmerzen lassen nach. Ich kann wieder schlafen, ich erlebe mein Bett nicht mehr als Folterinstrument, sondern ich darf den Schlaf als Erholung, als Entspannung erfahren.

Aber das Allerschönste war für mich, dass ich wieder unbeschwert am Leben teilnehmen konnte. Die Operation war ein Segen für mich und für meine Familie.
Im Januar, genau am 17.01.2006, war der Tag meiner neuen Geburt, und dieses Datum würde ich wohl niemals mehr vergessen. Es sollte fortan mein neuer Geburtstag sein, den ich alljährlich feiern wollte.

Neugeburt

Gott sei Dank
für das Leben
dass er mir neu schenkte
für meine zweite Geburt
für meine Neugeburt
nach den heftigen Wehen
der letzten Jahre

Gleich im März begaben Bernd und ich uns auf eine große Reise, an die ich nicht einmal in den wildesten Träumen zu denken gewagt hätte. Für zehn Tage flogen wir mit dem Flugzeug nach Andalusien. Wir besuchten zunächst Jerez, Cádiz, Sevilla, machten uns dann auf den Weg nach Córdoba, reisten über Granada nach Almeria, um uns von dort aus wieder auf die Heimreise zu begeben. Eine Reise, auf der wir unendlich viele Eindrücke sammeln konnten, Einblicke in die Geschichte des Landes, in die maurische Kunst bekamen und herrliche Landschaften sehen konnten. Solche Reisen waren nun wieder möglich geworden.
Besonders freute ich mich auf den Sommerurlaub mit meiner Enkeltochter Paula, wie sich ein kleines Kind auf Weihnachten freut. Endlich einmal Gelegenheit, mit Paula verschiedene schöne Sachen zu machen! Ich packte meine Ölfarben, Leinwände und Staffeleien ein, weil ich mit Paula in der freien Natur malen wollte. Dann besorgte ich Stickgarn und Stramin, Wolle und eine Häkelnadel sowie Zauberwolle. Ich wollte mit Paula eine Filztechnik ausprobieren, mit der man Tiere herstellen konnte. Ich packte buntes Papier, Klebestifte, Scheren, Malstifte und Doppelkarten ein, um letztere mit Paula zu gestalten, und eine Reihe anderer Bastelmaterialien, außerdem eine ganze Bibliothek von Kinderbüchern sowie Spielzeuge. Das Auto platzte fast aus allen Nähten, als wir drei uns auf die Reise begaben. Zwischen all

den Materialien brachte Bernd auch noch Paulas Kinderfahrrad und das übrige Gepäck unter.
Die Fahrt führte uns zunächst in die Champagne, wo wir langjährige Freunde besuchten. Dann ging es weiter ins Périgord zum Landgut La Glaudie.
Der Urlaub wurde für uns alle ein Traumurlaub. Ich fühlte mich wie im siebten Himmel und genoss die wieder erlangte Freiheit in vollen Zügen. Abends saßen Bernd und ich vor dem Haus, das wir gemietet hatten, lauschten den Käuzchen, die aus dem Wald riefen, sahen die Fledermäuse umherschwirren, hörten die Grillen zirpen. Wir beobachteten die Sterne am Himmel oder ließen einfach nur die Seele baumeln und konnten unser Glück noch gar nicht fassen.

Stumme Sprache

Mir fehlen die Worte zu sagen,
was ich fühle
Darum lasse ich
die Gefühle sprechen
Wortlos

Es wäre nicht korrekt, wenn ich nicht auch auf Tage hinweisen würde, an denen es mir nicht gut ging. Wetterumschwünge beispielsweise machten mir meistens zu schaffen. Auch heute noch bereiten sie mir oft Probleme, indem sie sich negativ auf meine Beweglichkeit und mein Wohlbefinden auswirken. An solchen Tagen zeigt sich Sir James wieder von seiner fiesen Seite und versteht es, sich unbeliebt zu machen, indem er mir wieder deutlich zeigt, dass er natürlich weiterhin mein ständiger Begleiter ist und ich mir bloß nicht einbilden soll, er sei durch die Neurostimulation besiegt worden. Er sorgt dann dafür, dass ich heftige Laufstörungen habe, oftmals die Tabletten (die ich ja auch weiterhin nehmen muss, wenn auch in anderer Dosierung und Zusammenstellung wie vor der THS) keinerlei Wirkung zeigen und ich schier verzweifele, weil mir nichts, aber auch gar nichts an solchen Tagen gelingen will.

Vermählung mit der Erinnerung

Der Seidenvorhang
verschleiert den Erinnerungsgarten
Verblasste Blütenblätter
erzählen deine Geschichte
die das Leben dir schrieb
Wenn dich die Vergangenheit einholt
weht der Schleier im Wind
und die Erinnerung vermählt sich
mit dir.

Immer wieder kamen die Erinnerungen an die Zeit vor der Operation in uns hoch. »Weißt du noch Bernd, wie alles angefangen hat?«, fragte ich, und der Dialog von damals war uns noch so präsent, als habe er erst gestern stattgefunden.

12. Dafür bist Du viel zu jung

Vor 21 Jahren hatte alles seinen Anfang genommen. Wir erinnerten uns noch sehr genau an den damaligen Dialog zwischen Hannah und mir.
Beim Frühstück hatte Hannah nicht locker gelassen und mich dazu gedrängt, einen Arzt zu konsultieren.
»Warum zitterst du so?«, fragte Hannah mich beim Frühstück. »Das ist nicht normal, dieses Zittern. Du musst zum Arzt.«
»Zum Arzt, zum Arzt ...«, hatte ich geantwortet und mit der rechten Hand abgewunken. »Es wird schon wieder aufhören, vielleicht ist es nur Nervosität oder Stress.«
»Nervosität, Stress«, wiederholte Hannah spöttisch »Das sagst du jedes Mal. Ist doch nur eine Ausrede. Du glaubst es doch selber nicht.«
»Was ist schon normal?«, hatte ich erwidert.
Dabei wusste ich genau, dass ich seit einiger Zeit auffallend oft zitterte. Ich zitterte beim Öffnen eines Briefes, wenn ich den Schlüssel ins Schloss stecken wollte oder beim Eingießen von Getränken ... Wann zitterte ich eigentlich nicht? Eine tatterige Greisin könnte nicht besser zittern als ich.
»Nervosität, Stress«, hatte ich gesagt, »wird schon wieder aufhören.«
Beim Bügeln gelang es mir oft nicht, die Wäsche glatt zu streichen, meine Finger problemlos über den Stoff gleiten zu lassen. Dabei hätte ich am liebsten meine Hände mit Maschinenöl in Gang gesetzt – wie ich meine Nähmaschine in Gang setzte, wenn sie »stotterte«.
Ich zog mein linkes Bein nach. Ich hatte Beschwerden im Schultergelenk: Schon das Anheben des Armes bereitete mir sichtlich Probleme.
Möglichst unauffällig versuchte ich einen Schluck aus der Kaffeetasse zu nehmen. Wieder diese Zitterpartie. Der Kaffee schwappte über. Dieses Mal traf es die Tischdecke.
Hannah lugte hinter der Tageszeitung hervor. »Ich sehe mir das nicht länger an«, kommentierte sie das Kleckern. »Du rufst jetzt sofort beim Arzt an und lässt dir

einen Untersuchungstermin geben.« Ehe ich reagieren konnte, hatte sie mir auch schon den Telefonhörer in die Hand gedrückt.
»Sachte, so eilig ist das auch nicht«, hatte ich gesagt. »Welcher Facharzt ist für so etwas der richtige?«
»Woher soll ich das wissen, rufe bei deinem Hausarzt an und beschreibe deine Beschwerden.«
Immer noch widerwillig wählte ich die Nummer eines Orthopäden und schilderte der Sprechstundenhilfe meine Beschwerden.
»Das scheint eher ein neurologisches Problem zu sein.« Die Sprechstundenhilfe empfahl mir, einen Neurologen aufzusuchen. Ich bedankte mich für den Ratschlag und legte den Hörer auf.
Hannah schaute mich erwartungsvoll an: »Und ...? Was hat die Sprechstundenhilfe gesagt?«
»Es sei eher eine Sache für den Neurologen. Ist wohl nichts Orthopädisches«, antwortete ich. »Aber ...«
»Was, aber ...?«
»Ich kenne keinen Neurologen.«
»Das ist wohl das geringste Problem. Schließlich gibt es ein Branchenverzeichnis«, konterte Hannah und hatte es schon zur Hand. Sie blätterte darin herum.
»Du kannst dir aussuchen, zu wem du gerne gehen möchtest. Hier ist gleich eine Neurologin in der Nähe, nicht weiter als 20 Minuten Fußweg von hier entfernt.« Hannah diktierte die Telefonnummer.
»Neurologische Praxis Dr. Grünar, Becker am Apparat, was kann ich für Sie tun?«, meldete sich eine freundliche Frauenstimme.
»Ich hätte gern einen Untersuchungstermin«, hauchte ich leise zurückhaltend ins Telefon.
»Worum geht es denn?«
»Seit einiger Zeit habe ich Bewegungsstörungen in der linken Hand, manchmal zittert sie auch. Neuerdings ziehe ich auch das linke Bein beim Gehen nach.«
»Haben Sie Schmerzen?«
»Nein, in Händen und Beinen nicht, wohl aber hin und wieder im Schulter- und Nackenbereich.«
»Waren Sie schon einmal bei uns?«
»Nein. Noch nie.«
»Kommen Sie lieber vormittags oder nachmittags?«
»Lieber nachmittags.«

»Gut. Passt es Ihnen im kommenden Monat?«
Ich willigte ein und notierte den Termin in meinem Kalender.
»Siehst du, in ein paar Wochen wissen wir mehr«, sagte Hannah.
»Kann schon sein«, antwortete ich. »Bist du jetzt endlich zufrieden?« Dann räumte ich schweigend den Tisch ab, ohne Hannah noch eines Blickes zu würdigen. Der Stein war ins Rollen gebracht.
Von dieser Stunde an interessierte ich mich für diese merkwürdigen Symptome. Oft saß ich im Arbeitszimmer und blätterte in einem klinischen Wörterbuch.
Ich wollte wissen, ob ich eine unheilbare Krankheit hatte, zum Beispiel Multiple Sklerose. Eine meiner Freundinnen war daran erkrankt. Schwere Gehstörungen und Lähmungserscheinungen.
Irgendwann hatte ich den Verweis auf Schüttellähmung und Paralysis agitans gefunden. Völlig aufgelöst rief ich Bernd im Büro an und unterbreitete ihm, dass ich nun wisse, was ich habe: die Parkinsonsche Krankheit, dessen sei ich mir 100%ig sicher. Alle im Lexikon aufgeführten Symptome dieser Krankheit könne ich auch bei mir feststellen.
»Unsinn«, reagierte Bernd auf diese Eigendiagnose »Du blätterst zu viel in medizinischen Lexika und machst dich selber verrückt. Parkinson ist doch eine Alterskrankheit«, versuchte er mich zu beruhigen.
Gereizt entgegnete ich: »Du nimmst mich nicht ernst. Ich hätte deine Reaktion wissen müssen, du siehst alles immer nur nüchtern und sachlich und glaubst erst etwas, wenn du es schwarz auf weiß hast. Du warst schon immer ein Verdrängungskünstler.« Enttäuscht legte ich auf.
Nach dem Dienst wollte Bernd mit mir noch mal über die Sache reden. Ich hatte mich schon wieder beruhigt und pflichtete ihm bei: »Vielleicht stimmt es ja, vielleicht grübele ich zu viel.«
Gemeinsam setzten wir uns ins Arbeitszimmer. Bernd hatte seinen Arm um meine Schulter gelegt, und ich las ihm aus dem Medizinischen Wörterbuch vor, was unter dem Stichwort Morbus Parkinson stand.
Aufmerksam hörte er mir zu. Er spürte, wie mein Atem flacher wurde und mein Herz klopfte. Er ergriff meine linke Hand, die feucht war und zu zittern begann. Dieses ewige Zittern. Ich wiederholte das Gelesene. Ich stockte, las es noch einmal.
»Da hörst du es selber: Das sind die Symptome, ja, genau so ist es bei mir auch. PARKINSON, Mor - bus Par - kin - son«, stammelte ich fassungslos vor mich hin und wiederholte jede einzelne Silbe so in die Breite gezogen, als helfe es, etwas schwer Verdauliches zu bezwingen.

Wie in einer Absence saß ich da und starrte vor mich hin. Kaum hörbar stammelte ich: »Par-kin-son. Par-kin-son«, immer wieder »Par-kin-son.« Bernd hielt mich eng umschlungen in den Armen, um mich zu trösten. »Angela, noch ist nichts bewiesen. Warte doch erst einmal ab, was die Ärztin herausfindet.«
Ein resolutes »Nein« durchbrach mein Stakkato. »Noch ist nichts bewiesen. Warum soll ich mich verrückt machen, ehe ich Genaues weiß?« Energisch klappte ich das Lexikon zu und stellte es zurück an seinen Platz im Bücherregal.
Am Schreibtisch rückte ich ein paar Unterlagen zurecht, sortierte ein paar Briefe. Dann flüsterte ich vor mich hin: »Ob es wirklich Parkinson ist? Treffen die Symptome tatsächlich zu? Wir sollten uns noch einmal die Beschreibung des Krankheitsbildes im Lexikon ansehen.«
»Was ist, wenn es stimmt?«, fragte ich Bernd. »Eine Krankheit mit chronisch fortschreitendem Verlauf.« Erneut griff ich zum Lexikon, blätterte hastig in dem Buch. Meine eben noch entspannten Gesichtszüge verhärteten sich.
»Parkinson? Das kann doch nicht sein!«, behauptete ich einfach.
»Und wenn schon, beruhigte ich mich, immer noch besser als Multiple Sklerose.«
Ich ging wieder das eben Gelesene durch. »Merkwürdig, sogar schon 40-Jährige können von Parkinson betroffen sein, Bernd, aber ich bin erst 38. Kann also nicht auf mich zutreffen, oder Bernd?«, wollte ich von ihm wissen.
Ich klappte das Lexikon zu. »Weg damit! Eine Untersuchung wird Licht in das Dunkel der Ungewissheit bringen.«
Um mich abzulenken, ging ich in die Küche und begann, das Abendessen zuzubereiten. Doch offenbar ließen die Gedanken mich nicht los. Ich konnte mich auf nichts mehr richtig konzentrieren. Ständig unterbrach ich meine Arbeit und holte wieder das Lexikon hervor. Wenn Nicola, Hannah und Lena mich ansprachen, war ich geistig abwesend, reagierte nicht.
»Was ist los mit dir? Du hörst ja schon wieder nicht zu. Träumst du? Man muss dich alles zweimal fragen.«
Es passierte, dass ich Bernd urplötzlich und völlig aus dem Zusammenhang gerissen fragte: »Wie wird die Krankheit wohl bei mir verlaufen? Wann werde ich im Rollstuhl sitzen?«
»Angela, gedulde dich doch ein wenig, bald hast du doch den Arzttermin, und dann sehen wir weiter.«
Am Tag vor der Untersuchung sprang ich im Haus herum wie ein aufgescheuchtes Huhn, wollte alles gleichzeitig machen und hüpfte von einem Zimmer in das nächste, ohne zu wissen, was ich gerade dort wollte.

Als der Termin endlich herangerückt war, stand ich in aller Herrgottsfrühe auf, schaute schon am Morgen ständig nervös auf meine Armbanduhr, obwohl ich erst am Nachmittag in die Sprechstunde musste.
Bernd konnte mich nicht begleiten, weil er eine wichtige Konferenz hatte, rief mich aber vor dieser Sitzung noch zu Hause an: »Angela, du weißt ja: Ich denke an dich, und … bitte mach dich nicht verrückt. Es wird schon alles gut werden. Ich rufe dich wieder an, sobald die Konferenz vorbei ist. Okay?«
Er hörte mich regelrecht durchs Telefon flattern, so aufgeregt war ich.
Am späten Nachmittag kam ich von der Praxis zurück.
Nicola, Hannah und Lena empfingen mich erwartungsvoll: »Wie war es bei der Ärztin? Weißt du jetzt, was du hast? Erzähl mal«, plapperten sie durcheinander.
»Es ist noch zu früh, eine Diagnose zu stellen.«
»Was bedeutet das?«, fragte Nicola.
»Das heißt, dass ich erst andere spezielle Untersuchungen abwarten muss.«
»Hat die Ärztin keine Vermutung geäußert?«, wollte Lena wissen. »Ja und nein. Sie will mich nicht beunruhigen, ehe keine präzisen Ergebnisse vorliegen.«
Hannah wurde ungeduldig: »Jetzt rück mal raus mit der Sprache. Du weißt mehr als du zugibst.« Sie insistierte: »Was weißt du wirklich?«
»Es besteht ein Verdacht auf Parkinson, aber es wird noch etwas dauern, bis wir es genauer wissen.«
»Parkinson, was ist das?«, fragten alle drei nahezu zeitgleich.
»Bei Parkinson-Kranken sind die Bewegungsabläufe des Körpers gestört.«
»Und warum?«, fragte Lena.
»Sei doch mal still«, fuhr Hannah dazwischen. »Lass Mama doch mal ausreden. Sie wollte doch gerade erklären, was es ist.«
» ... weil irgendein Botenstoff im Gehirn nicht mehr produziert wird. Dopamin heißt er, soviel ich weiß. Warum das so ist, kann ich nicht erklären. Ich glaube, die Ursache ist unbekannt. Wir sollten wirklich Geduld haben und die kommenden Untersuchungen abwarten.«
Das Telefon klingelte. Bernd wollte wissen, was die Ärztin festgestellt hatte.
»Verdacht auf Parkinson, wie ich vermutet habe«, entgegnete ich mit einem Seufzer.
Am Ende der Leitung blieb es still.
»Was ist?«, durchbrach ich das Schweigen.
»Du sagtest: Verdacht. Also steht die Diagnose noch nicht fest?«
»Nein, Genaues weiß keiner, zur endgültigen Klärung werden noch verschiedene Untersuchungen gemacht, aber die Symptome sprechen dafür.«

»Ich kann es nicht glauben. Für Parkinson bist du doch viel zu jung. Wir sollten abwarten, was die Untersuchungen ergeben.«
»Ja, das schon, aber ich vermute, dass die Neurologin Recht behält.«
Die Neurologin hatte mir eine Probepackung eines Anti-Parkinsonmittels mitgegeben, das ich zweimal täglich einnehmen sollte, dann wollte die Ärztin später die Wirkung beurteilen.
Drei Wochen später lagen die Ergebnisse aller Untersuchungen vor: Ich hatte keinen Gehirntumor. Das wurde mit Sicherheit ausgeschlossen. Auch andere Krankheiten konnten nicht nachgewiesen werden. Doch der Verdacht auf Parkinson hatte sich erhärtet.
Das Zittern hatte nachgelassen, auch die feinmotorischen Störungen waren zurückgegangen, und mein Laufen hatte sich auch verbessert, ich zog das linke Bein kaum mehr nach.
Die positive Wirkung der Anti-Parkinsontabletten war nicht zu übersehen.
Ich nahm diese Hiobsbotschaft gelassen auf. Die Angst, Multiple Sklerose oder eine Lateralsklerose zu haben, war mir genommen, und das beruhigte mich offenbar.
Ich hatte endlich Gewissheit über den Grund meiner Symptome.
Es war also doch Parkinson.
Zu Hause schien ich irgendwie erleichtert zu sein. Keine Spur von Ablehnung war mir mehr anzumerken.
Vielleicht war es auch Ohnmacht der Krankheit gegenüber? Fügte ich mich meinem Schicksal? Oder war die Gefasstheit, mit der ich die Diagnose aufnahm, nur gespielt?
Bernd und die Kinder waren sprachlos, als sie die Nachricht hörten.
Das war der Beginn meines Leidensweges. Bernd konnte sich nur zu gut daran erinnern. Für ihn ging damals eine Welt zugrunde. Alle Zukunftspläne schienen auf einen Schlag zerschmettert zu sein. Was würde nun auf die Familie zukommen?
Ich versuchte ihn zu beruhigen: »Bernd, die Ärztin hat mir gesagt«, und ich gab mir alle Mühe, die Worte der Neurologin wörtlich zu zitieren, »›Leben Sie Ihr Leben so wie bisher weiter. Versuchen Sie alles wie bisher zu machen‹. Verstehst du Bernd, sie meint, es sei das Beste, wenn ich mir nicht ständig vor Augen halte, dass ich krank bin und dass ich deshalb mein Leben völlig verändern müsste.«
»Leben Sie wie bisher! Wie soll das funktionieren?«, fragte er mich ungläubig.
»Ganz einfach, ich versuche, meine Aufgaben in Haushalt und Beruf wie eh und je zu erledigen und nichts zu ändern«, antwortete ich damals mit einer kindlichen Naivität, und Bernd bewunderte mich, wie tapfer ich mich schlug. Tatsächlich

hatte ich den ärztlichen Ratschlag verinnerlicht und änderte nichts an meiner bisherigen Lebensgestaltung. Das ging lange Zeit gut. Doch die Krankheit war so plötzlich in mein und unser Leben eingefallen, dass es unmöglich war, sie völlig zu ignorieren, gar zu eliminieren.

13. Wieder und wieder erschütterte Seele

Sir James nahm mich damals mehr und mehr in Beschlag. Ich litt immer stärker unter dem Symptom des freezing.

Es war ein Tag wie jeder andere auch. Ich räumte im Haus auf und wollte etwas in den Keller bringen. Noch oben auf der Kellertreppe ließ sich plötzlich mein linker Fuß nicht mehr anheben, er blieb einfach auf der Stufe »kleben«, so als sei er festgefroren. Ehe ich das realisiert hatte, bekam ich Übergewicht, fiel die Treppe hinunter und landete auf dem Steinfußboden im Keller. Mein Körper zitterte, mein Brustkorb schmerzte. Vorsichtig begann ich zu überprüfen, ob ich äußere Verletzungen hatte und ob ich Arme und Beine noch bewegen konnte. Nur an den Beinen und Ellbogen entdeckte ich ein paar Hautabschürfungen. Um Hilfe rufen war sinnlos. Ich befand mich allein im Haus. Also richtete ich mich langsam auf. Gott sei Dank! Die Knochen waren scheinbar heil geblieben. Ich kroch mehr als dass ich wirklich lief ins Wohnzimmer und legte mich auf das Sofa, um mich erst einmal von diesem Schrecken zu erholen.

In der Nacht schnellte ich urplötzlich aus dem Schlaf hoch. Mir war schwarz vor Augen. Ich schaffte es gerade noch, Bernd wachzurütteln. Was dann geschah, wusste ich später nicht mehr.

Mit meiner Ohnmacht hatte ich Bernd einen ordentlichen Schrecken eingejagt. Als ich wieder zu mir kam, zitterte ich am ganzen Körper. Ein einziges Schlackern! Ich konnte mich kaum mehr beruhigen. Bernd fuhr mich ins Krankenhaus, wo die Ärzte heftige Prellungen des Brustkorbs feststellten und mich vorerst krankschrieben. Sie empfahlen mir, eine Nacht zur Beobachtung zu bleiben, aber das wollte ich nicht, sondern erschöpft, wie ich war, wollte ich nur noch in meinem eigenen Bett schlafen.

Zu Hause fiel ich todmüde in die Federn und wünschte mir nichts lieber als den ersehnten Schlaf. Aber jedes Mal, wenn ich einnicken wollte, hatte ich das Gefühl zu fallen. Ein endloses Fallen. Ich schnellte in die Höhe. Ich wusste, dass ich ja gar nicht fallen und dass es nur ein böser Traum sein konnte. Also legte ich mich wieder hin, aber schon war es wieder da, dieses in die unendliche Tiefe Fallen! Ich dachte, ich fiele, fiele tiefer und tiefer, immer tiefer, endlos tief. Ich hätte schreien mögen. Aber niemand würde mich hier hören. Mein Rufen würde verhallen. Ich versuchte es dennoch, aber mein Schrei blieb stumm. Kein Ton drang aus mir heraus. Stattdessen fiel ich weiter, tiefer und tiefer in die Untiefe.

Und dann saß ich plötzlich wieder aufrecht im Bett. Schweißgebadet. Ja, ich fröstelte. Meine Hände zitterten. Ich atmete unruhig. Sich hinlegen? Das wagte ich nicht mehr. Bloß nicht mehr hinlegen, dachte ich.

Nein, so konnte es nicht weiter gehen. Du bist todmüde, sagte ich mir. Du musst jetzt schlafen! Zögernd begab ich mich in die Liegeposition. Wieder dieses Fallen, dieses endlose Fallen in die Tiefe. Panikartiges Hochschnellen. Ich wollte davonlaufen. Nur weg von hier. Schnell weg. Aber wo war ich? Die Dunkelheit, diese furchtbare Dunkelheit. Ich tastete auf meinem Nachtschränkchen nach der Nachttischlampe, zündete sie an. Ich seufzte erleichtert. Wieso machte mir die Dunkelheit so zu schaffen? Ich hatte doch sonst nie Probleme damit. Warum plötzlich diese schreckliche Angst? Wovor eigentlich? Es gab doch keinen Grund für dieses Angstgefühl. In meinem Bett war ich doch sicher, ich war auch nicht allein. Aber Tatsache war: Ich fror. Zitterte. Hatte feuchte Hände. Schweißperlen auf der Stirn. Angst. Meine Angst war so schrecklich, dass ich mich ganz eng an Bernd drückte. Am liebsten wäre ich in ihn hineingekrochen.

Die Angst kam so plötzlich, so gemein. Aus dem Hinterhalt packte sie zu. Ich fühlte mich ihr schonungslos ausgeliefert. Sie ergriff erbarmungslos Besitz von mir.

Der Schweiß rann durch mein Gesicht und meine Hände zitterten. Mein Unterkiefer schlackerte, und meine Zähne schlugen gegeneinander. Meine Beine hielten nicht still. Ich hatte die Kontrolle über meinen Körper völlig verloren.

Bernd wollte mich beruhigen und sagte: »Du brauchst dich nicht zu ängstigen.« Aber das war leicht gesagt. Du ahnst nichts Böses, und schon ist sie wieder da, die Angst. Wie aus dem Nichts. Überfallsartig. Ich zitterte immer heftiger. Fröstelte. Fror. Kalte Schauer liefen über meinen Rücken. Ich hatte Angst, schreckliche Angst und krallte mich an Bernd. »Mein Parkinson ist ein Klacks dagegen«, sagte ich damals. »Lieber habe ich zweimal Parkinson als noch einmal diese Panik.« Und Bernd riet mir: »Du musst einfach nicht ans Einschlafen denken.« Aber wie sollte das funktionieren? Ich konnte einfach nicht einschlafen, blieb die ganze Nacht wach. Nach jener schlaflosen Nacht fühlte ich mich völlig übernächtigt, fand aber keine Ruhe. Allein den Körper in die Waagerechte zu bringen, verursachte unerträgliche

Angstgefühle. Ich hatte Angst vor der Angst und fürchtete mich davor, in der kommenden Nacht die gleiche Tortur durchmachen zu müssen.
Am Abend nach der Angstattacke trank ich einen Beruhigungstee und ein Glas Bier. Ich glaubte mich auf diese Weise selbst überlistet zu haben, um endlich den ersehnten Schlaf zu finden. Aber es klappte nicht. Schon der Weg ins Schlafzimmer stellte mich auf die Probe, die Schritte wurden von Stufe zu Stufe langsamer, und ich wäre am liebsten gleich wieder geflüchtet.
Ich versuchte, mich selbst zu therapieren: Du musst dich der Angst stellen, um sie auszuschalten. Du darfst dir nicht alles von ihr gefallen lassen. Im Studium der Logotherapie hatte ich therapeutische Behandlungsmethoden bei Angst kennengelernt. Den Angstzirkel durchbrechen, die Angst personifizieren, mit ihr reden, ihr zeigen, dass du dich von ihr nicht unterkriegen lässt! Ja, das »Angstmännchen!« Setze doch die Angst in Form eines Angstmännchens in eine Ecke des Zimmers oder auf den Schrank, dorthin, wo es weit genug von dir entfernt ist. Du bist ein erwachsener Mensch, du hast noch alle Sinne beisammen, also wirst du dich wohl noch mit deinen geistigen Fähigkeiten über die Angst erheben können. Die Angst herausfordern, um den Kampf mit ihr aufzunehmen. Soll sie doch kommen! Mal sehen, wer von uns beiden stärker ist. Und wenn schon, dann fällst du eben noch mal in Ohnmacht, das macht ja auch nichts.
Nach meiner versuchten »Selbsttherapie« war ich völlig übermüdet in die Federn gesunken, doch sobald der Schlaf mich einzuholen versuchte, schlug die Angst, fallen zu können, erneut erbarmungslos zu und ließ mich wieder aufrecht im Bett sitzen.
Am Morgen des folgenden Tages verschrieb mir meine Neurologin ein Beruhigungsmittel. Mit der Einnahme von Johanniskrautkapseln verbesserte sich mein psychischer Zustand allmählich, die Angst verringerte sich.
Aber die Panikattacken hatten mir auch ganz schön zugesetzt. Das L-Dopa, das ich bekam, reichte nicht mehr, weil meine Symptome sich verstärkt hatten. Das Zittern, die Gehstörungen hatten zugenommen. Wollte ich genauso funktionieren wie eh und je, musste ich mich mit mehr L-Dopa versorgen. Ich gestand mir nicht zu, in irgendeinem Bereich der alltäglichen Verrichtungen weniger leistungsfähig zu sein als früher. Ich wollte nach wie vor allen Anforderungen, die an mich gestellt wurden, genügen. Wenn ich das wollte, dann musste ich das L-Dopa aufdosieren. Ich nahm das in Kauf.
Mein Tabletten-Konsum nahm gigantische Formen an. Meine Neurologin warnte mich, dass es nicht lange so weiter gehen könne, die hohe Dosierung sei aus ärztlicher Sicht kaum mehr vertretbar.

Auf dem Weg zur Arbeit, mitten auf der Überholspur einer viel befahrenen Schnellstraße ohne Randstreifen, wurde ich wieder von der Angst heimgesucht. Übermächtig. Brutal und erbarmungslos schlug sie zu. Ich hatte wieder Schweißperlen auf der Stirn, Herzrasen, feuchte Hände, Zittern. Schrecklich, diese Panikattacken! Wie ich es hasste, so machtlos ausgeliefert zu sein. Konnte die Angst mich nicht in Ruhe lassen?

Du musst jetzt durchhalten, befahl ich mir damals. Wenigstens noch die paar Meter bis zur Schule. Ich bot der Angst Paroli: Du hast jetzt keine Chance. Mitten auf der Schnellstraße kann ich dich nicht gebrauchen. Hau ab! Lass mich zufrieden!

Meine angstfeuchten Hände hielten verkrampft das Lenkrad fest. Noch eine Straßenkreuzung, dann links und wieder links. Gleich würde ich da sein. Schweißperlen rannen die Stirn herab. Entsetzliches Herzklopfen. Kurzatmigkeit. Die letzten Meter waren für mich die Hölle, schienen endlos. Gott sei Dank! Geschafft. Das Auto stand. Ich löste die verkrampften Finger vom Lenkrad und ließ den Kopf auf das Steuer fallen. Erschöpft und völlig ausgepowert. Käsebleich und mit weichen Knien stieg ich aus dem Wagen. Zitternd am ganzen Körper.

Ja, die Angst hatte mich wieder herausgefordert. Ich reagierte mit heftigem Zittern. Mein ganzer Leib vibrierte. Die Attacken gingen an mir nicht folgenlos vorüber. Der Tremor war kaum mehr zu bändigen.

Die Schulsekretärin erfasste sogleich die Ernsthaftigkeit der Situation: Was denn mit mir los sei, ich gehöre ins Krankenhaus oder in ärztliche Behandlung.

Bernd wurde benachrichtigt. Er begleitete mich schließlich zu meiner Ärztin.

»Sie überfordern sich«, mahnte meine Ärztin. »Das zeigen die sich in letzter Zeit häufenden Panikattacken. Vielleicht sollten Sie doch über eine Frühpensionierung nachdenken. Zudem können wir die L-Dopa-Gabe nicht ständig erhöhen. Jeder Stress ist Gift für die an Parkinson Erkrankten.«

Damit hatte sie recht. Stress machte mich krank. Bekam mir einfach nicht. Ich hatte ja gerade noch gespürt, wie diese Panikanfälle auf mich wirkten. Der Tremor spielte verrückt, ließ sich nicht mehr im Zaum halten. Das war für mich wahrlich kein Vergnügen. Erst als ich die L-Dopa-Gabe erhöht hatte, ließ auch das Zittern nach. Mit der Abmachung, dass bei Eintreten der nächsten Panikattacke ernsthaft die Entscheidung über das Ende meiner Lehrtätigkeit anstünde, verließ ich die Arztpraxis.

Am Abend holten Bernd und ich das Auto von der Schule ab. Ich traute mich nicht mehr ans Steuer. »Wenn Du jetzt nicht den Mut aufbringst, das Auto selber zu fahren«, sagte Bernd zu mir, »hast du dich der Angst ein für alle Mal ergeben.«

Also stieg ich ins Auto. Mein Puls raste, ich holte tief Luft, um der erwarteten Kurzatmigkeit gleich den Wind aus den Segeln zu nehmen und startete das Auto. Ich sang, sprach laut ein Gebet, sang wieder, betete. Die Angst kehrte nicht zurück. Sie schien besiegt.
Doch dieses Glücksgefühl hielt nicht lange vor. Erneut auf dem Weg zur Arbeit passierte es. Die Angst war wieder da. Unerbittlich. Gnadenlos. Für mich ein Martyrium.
Die Angst malträtierte mich immer häufiger. Nach diesen Angstattacken verfasste ich zwei Gedichte, das meine Gefühle wiedergeben:

Schlafbetrug

Eingekerkert im
Traumverlies
fällst du
erschütterte Seele
wieder und wieder
in den
schwarzen Strom
bis der Schlafbetrug
am Morgen entlarvt wird.

Tiefe Nacht zerstäubt

Angst lärmt
mit grausamer Gebärde
Abgründe grollen
unter dir
Doch Einer wehrt
allem Fallen
hält dich, fängt dich auf
Du kannst ganz ruhig sein.

14. Alkoholiker zittern auch

Vor einigen Jahren, als ich noch im aktiven Schuldienst war, gab es eine Situation, die ich als besonders erdrückend empfand. Und diese Art Erlebnis sollte sich in Zukunft häufen.

Damals fand Bernd mich, als er von der Arbeit nach Hause kam, völlig in Tränen aufgelöst im Wohnzimmer sitzen.

»Was ist geschehen?«, fragte er besorgt, und ich schluchzte mit vorgehaltenem tränendurchweichten Taschentuch: »Ach, es ist Blödsinn, dass ich so heule. Sie können ja nichts dafür.« »Wer kann nichts wofür«, entgegnete Bernd. »Die Schülerinnen.«

»Nun mal der Reihe nach«, beruhigte Bernd mich. »Was ist denn vorgefallen?«

»Ach, weißt du, ich hatte heute die 11. Jahrgangsstufe und trug zu Beginn der Stunde die fehlenden Schülerinnen in die Kursmappe ein, wie immer unter dem Pult auf dem Schoß, damit keiner das Zittern meiner Hände sehen konnte. Ich fühlte mich von den Schülerinnen beobachtet. Ihren Argusaugen schien nichts zu entgehen. Plötzlich fragt eine Schülerin: »Warum zittern Sie eigentlich so mit der Hand?« Völlig unerwartet stand diese Frage im Raum. Schlagartig war Stille. Nichts rührte sich mehr. Nur noch betretenes Schweigen. Es waren Sekunden, die wie eine Ewigkeit erschienen.

»Der eine zittert eben, der andere zittert nicht«, holte ich zum Gegenschlag aus. Im gleichen Moment war mir klar, wie dumm diese Antwort war. Und weißt du, was mir die Schülerin darauf entgegen schmettert?« Bernd schaute mich an.

»Alkoholiker zittern auch!«

Ich begann entsetzlich zu weinen. Mein Körper verkrampfte sich, und ich rang zwischen den anfallartig auftretenden Tränenergüssen nach Luft. Meine Augen waren aufgequollen und stark gerötet, und immer wieder versteckte ich mein Gesicht hinter einem nassen, großen Stofftaschentuch, mit dem ich die Tränen abwischte und die Nase putzte.

»Alkoholiker zittern auch«, wiederholte ich den Satz, der sich in mein Gedächtnis eingegraben hatte. »Weißt du, was das bedeutet? Verstehst du das, Bernd? Sie halten mich für eine Alkoholikerin. Vermutlich denkt die ganze Klasse so. Jetzt wird das Gerücht die Runde machen, oder es ist schon längst rum.« »Na und«, tröstete Bernd mich, »sollen sie doch denken, was sie wollen. Du weißt besser, dass es so nicht stimmt.« Ich weinte immer noch: »Was nützt mir das, wenn ich es besser weiß, dass sie im Unrecht sind? Sie glauben es aber.«

Ich schüttelte mich vor Weinen.

»Die Schülerin weiß ja gar nicht, was sie damit ausgelöst hat. Woher soll sie es auch wissen? Hast du der Klasse jemals von deiner Krankheit erzählt?«
»Nein, habe ich nicht. Ich weiß, dass es ein Fehler war. Aber würdest du allen deinen Mitarbeitern gleich deine Krankengeschichte auf die Nase binden? Oder gar deinen Schülern oder Schülerinnen, wenn du Lehrer wärst? Die Bemerkung der Schülerin hat mir den Hals zugeschnürt. Ich weiß ja selber, dass ich der Schülerin keinen Vorwurf machen kann, ihr Kommentar ist auf Unwissenheit und Unkenntnis zurückzuführen.«
»Du musst versuchen, mit deiner Krankheit offensiv umzugehen, statt sie zu verheimlichen«, riet Bernd mir.
»Ja, das stimmt zwar, ich darf die Krankheit nicht mehr kaschieren und verstecken, ich muss sie zulassen und erklären. Aber so einfach ist das auch nicht. Wie gerne würde ich sie ausradieren aus meinem Leben, einfach auslöschen. Aber das geht leider nicht. Was soll ich denn den Schülern sagen? Dass ich eine Gehirnfunktionsstörung habe? Sie würden mich zu Unrecht in die Ecke der Geisteskranken drängen. Sie würden glauben, ich leide an Demenz.«
Bernd legte mir eine Erklärung zurecht. »Wie wäre es, wenn du Ihnen einfach sachlich und kurz erläuterst, was Parkinson ist? Zum Beispiel, dass ein bestimmter Botenstoff im Gehirn, der für die Bewegungsabläufe des Körpers zuständig ist, nicht mehr ausreichend vorhanden ist und die Ursachen dafür leider nicht bekannt sind.«
Ich hatte mich beruhigt, nur hin und wieder gewann ein kleiner Seufzer die Oberhand.
Der Stress im Schulalltag machte mich fertig. Jeder Weg von dem einen zum anderen Schulgebäude wurde für mich zu einer Qual. Jede Enge, jeder schmale Durchgang war inzwischen zu einem fast unüberwindbaren Hindernis geworden, welches die Beine einfach dazu brachte, kleine Tippelschritte zu machen oder ein freezing auszulösen. Nicht minder schlimm waren Richtungsänderungen beim Laufen, am schlimmsten aber waren für mich die in den Pausen auf den Fluren und auf dem Schulhof drängelnden und wild herumtollenden Schülerinnen, die mich bei jedem Schritt aus dem Takt brachten. Das Chaos schien vorprogrammiert, ein problemloses Weitergehen war nicht mehr möglich.
Wie sollte ich es schaffen, in der kurz bemessenen Zeit einer Pause hinüber zum Oberstufengebäude zu gelangen und dort pünktlich zum Unterrichtsbeginn zu erscheinen?
Einige Schülerinnen starrten mich an, wenn sie sahen, wie unbeholfen ich mich fortbewegte. Einige lachten und tuschelten miteinander. Es war mir peinlich. Es

sollte mich nicht berühren. Sie kennen ja nicht den Grund meiner Gehstörung, dachte ich. Ich mied fortan den Schulhof und wählte einen Weg außen um das Schulgelände herum. Aber die Rechnung ging nicht auf, der Weg war länger und brauchte mehr Zeit. Beladen mit Schultasche und weiteren Unterrichtsmaterialien schleppte ich mich über den Gehweg, musste immer wieder mit dem Laufen neu ansetzen, weil entgegenkommende Passanten mich aus dem Konzept brachten. Auch sie schauten mir hinterher, so dass ich mir wie das achte Weltwunder vorkam. Ich kam ins Schwitzen, die Zeit rannte davon. An der letzten Straßenbiegung vor dem Oberstufengebäude sah ich schon die Kollegen zum Unterricht hasten. Vor mir lagen noch 150 Meter. Ich hörte das Läuten der Schulglocke. Es war schon das zweite Klingeln. Ich kam wieder zu spät. Mir war zum Heulen zumute.

Diese paar hundert Meter waren eine Strapaze für mich geworden. Schon nach einer gewöhnlichen Pause war ich völlig erschöpft. Wie würde ich mich nach sechs oder sieben Unterrichtstunden fühlen? Ich wusste, dass auch meine Kollegen in den Pausen nicht zur Ruhe kamen, aber immerhin schafften sie es, Verschiedenes zu erledigen: Noten eintragen, Medien beschaffen usw., was für mich schier unmöglich war. Mir gelang es nicht einmal, rechtzeitig zum Unterricht zu kommen, obwohl ich die gesamte Pause darauf verwendete. Ich erreichte endlich den Klassenraum, erschöpft und niedergeschlagen.

Ich wusste es: Die Schülerinnen hatten längst bemerkt, dass mit mir etwas nicht stimmte. Sie waren doch nicht auf den Kopf gefallen. Es war an der Zeit, ihnen meine Krankheit zu erklären. Das war ich ihnen schuldig. Das Versteckspiel sollte endlich ein Ende haben.

Bernd wusste, wie sehr ich meinen Beruf liebte; ich war stets mit Herz und Seele dabei. Aber es blieb keine Alternative: Acht Jahre nach der Diagnose Parkinson musste ich unfreiwillig in den vorzeitigen Ruhestand treten.

Der Abschied fiel mir schwer, zeigte mir aber gleichzeitig, wie sehr ich von Eltern, Kollegen und Kolleginnen und den Schülerinnen wertgeschätzt wurde. Von der Gesamtheit der Oberstufen-Schülerinnen erhielt ich zum Abschied ein großes Plakat, auf dem alle Schülerinnen unterschrieben und mir gute Wünsche für die neu beginnende Lebensphase mit auf den Weg gegeben hatten. Am meisten freute ich mich, als ich später erfuhr, dass die Initiatorin dieses Geschenkes jene Schülerin war, die mich damals indirekt als Alkoholikerin tituliert hatte.

Ich hätte am liebsten jede Schülerin vor Glückseligkeit umarmt. Diese Gefühlsschwankungen zehrten an meiner Kraft. Gerade noch das heulende Elend, fühlte ich mich jetzt wie im siebten Himmel.

Die Gehstörungen gehörten nun der Vergangenheit an. Ich brauchte mich nicht mehr um Türdurchgänge, um Engen oder um Menschenansammlungen scheren. Ich konnte sogar wieder durch die Stadt bummeln, auch am Samstag, wenn in den Geschäften ein reger Besucherverkehr herrschte.
Das Leben war wieder unbeschwert und leicht geworden. Ich hatte nicht mehr das erdrückende Gewicht meiner Krankheit zu tragen, unter dem ich früher manchmal fast zusammenbrach.

15. Auf der anderen Seite

Zu Beginn meiner Krankheit schätzte ich mich noch glücklich, nicht an Multipler Sklerose oder ähnlichem erkrankt zu sein. Inzwischen hielt ich das für eine blauäugige Sichtweise.
Sir James war wahrhaftig kein Zuckerschlecken, das hatte ich reichlich erfahren. Oft genug hätte ich ihn am liebsten in die Antarktis verbannt, möglichst weit weg jedenfalls, damit ich ihn nicht sehen, geschweige denn spüren musste.
Bekanntlich hat jeder Parkinsonkranke seinen eigenen Parkinson: Ich zähle mich zu dem Rigor-dominanten Typ, dessen charakteristisches Symptom die Steifheit ist, im Gegensatz zu dem Tremor-dominanten Typ, der besonders unter Zittern leidet. Die on- und off-Phasen, das heißt die Phasen, in denen ich recht gut beweglich und die, in denen ich sehr steif war, wechselten sich mehrmals täglich ab. Die ständig wiederkehrenden Ausfallserscheinungen betrafen besonders meine Beine.
Wollte ich einkaufen gehen oder etwas anderes erledigen, konnte es passieren, dass ich länger steif im Sessel saß und auf Beweglichkeit wartete. Manchmal dauerte es nicht lange, vielleicht dreißig Minuten, und mein Körper erwachte aus seiner Unbeweglichkeit. Dann beeilte ich mich, um möglichst schnell zu schaffen, was ich mir vorgenommen hatte, stets die Sorge im Nacken, die Wirkdauer der Medikamente könnte zeitlich nicht ausreichen. Jeder Weg war für mich ein Sprung ins Ungewisse, weil ich nie wusste, ob ich wieder problemlos nach Hause zurückkommen oder ob ich plötzlich irgendwo stehen bleiben würde und der Situation hilflos ausgeliefert bliebe.
Die unliebsamen off-Phasen überbrückte ich mit meinen Hobbys Malen und Schreiben. Seit meiner vorzeitigen Pensionierung hatte ich meine Freude an der Öl- und Aquarellmalerei entdeckt. Beim Malen kann ich alle unangenehmen Parkin-

son-Symptome vergessen und mich in meinen Bildern verlieren. Die Malerei hat eine beruhigende Wirkung auf mich. Ich kann mich so sehr auf das Malen konzentrieren, dass ich nichts mehr, was um mich herum geschieht, mitbekomme. Ähnlich ist es, wenn ich Texte oder Gedichte verfasse.

Während ich also in den on-Phasen wie ein Wirbelwind durch Haus und Garten fegte und meinem Bewegungsdrang freien Lauf ließ, mich richtig austobte, nutzte ich die off-Phasen für die ruhigen Tätigkeiten. Auf diese Weise versuchte ich meinen Körper zu überlisten. Wenn er mich nicht ließ, wie ich gerne wollte, ignorierte

ich die Verweigerung seiner Dienste, indem ich die Arbeiten verrichtete, die ich im Sitzen tun konnte.
Zu den Gehstörungen, den leidigen on- und off-Phasen, den Fluktuationen und dem freezing gesellten sich immer wieder schmerzhafte Muskelverspannungen hinzu, besonders im Nackenbereich und im Rücken. Bein- und Fußkrämpfe erschwerten mir zusätzlich das Laufen und waren oft kaum auszuhalten. In der Nacht wurde ich von Muskelkrämpfen so gepeinigt, dass mein Körper keine entspannte Liegeposition einnehmen konnte. Rücken, Gesäß, Beine und Füße wechselten sich als Zielscheiben des Schmerzes ab.
Eine permanente Darmträgheit sorgte für massive Verdauungsstörungen. Mir blieb nichts anderes übrig, als neben den unzähligen Antiparkinson-Mitteln zusätzlich noch Medikamente gegen diese Beschwerden einzunehmen.
»Ich bestehe bald nur noch aus Chemie. Mein Magen muss einem Elefantenmagen gleichen, wenn er einen Medikamenten-Cocktail nach dem nächsten aufnimmt, ohne zu streiken«, kommentierte ich diese Situation.
In den ersten Jahren meiner Erkrankung war mir nach der Einnahme der Anti-Parkinsonmittel regelmäßig so übel, dass ich mich übergeben musste. Heute scheint sich mein Magen willenlos ergeben zu haben. Er schluckt, was das Zeug hält und sagt keinen Ton.
Wenn ich, abgesehen von den Nebenwirkungen einer Langzeiteinnahme meiner Medikamente, wenigstens die Gewähr hätte, dass diese Tablettenmixtur auch die

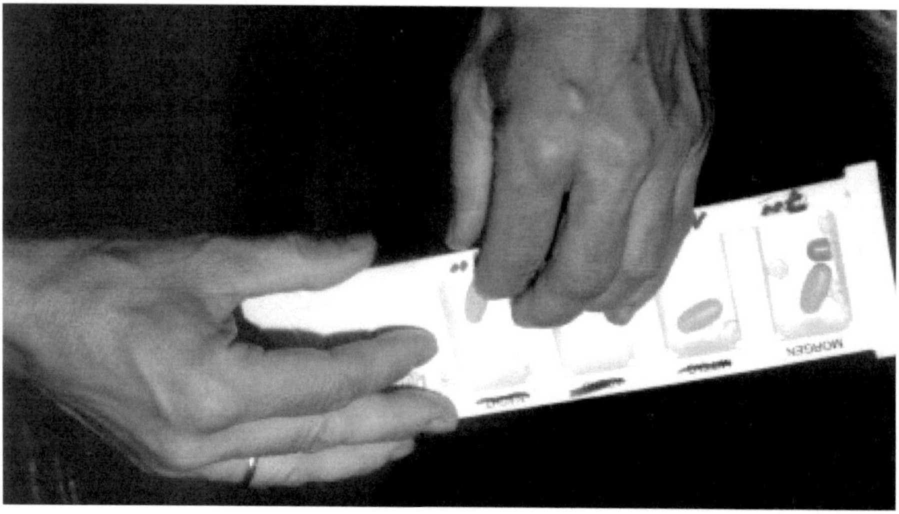

beabsichtigte Wirkung zeigte. Leider kam es immer öfter vor, dass nach der Einnahme nichts geschah, mein Zustand veränderte sich nicht, ich blieb einfach steif. Das L-Dopa wollte nicht anschlagen, oder die Wirkung der Tabletten währte nur eine kurze Zeit.

Die Wirkungsschwankungen nahmen zu. Medikamentöse Umstellungen sollten Abhilfe schaffen. Nicht selten fühlte ich mich wie ein Versuchskaninchen, an dem einmal dies und einmal jenes ausprobiert wurde. Es war ein reines Glückspiel.

Bei der jahrelangen Tabletteneinnahme blieben unangenehme Nebenwirkungen natürlich auch nicht aus. Mein Körper zeigte Überbewegungen. So als müsse er überschüssige Energie ablassen, zappelte er unvermittelt herum.

Manchmal brachten mich die Fluktuationen auch an den Rand der Verzweiflung, besonders dann, wenn mein miserabler Gesundheitszustand mir krass vor Augen geführt wurde. So auch bei der Feier der Verabschiedung einer Kollegin in der Schule, zu der ich eingeladen war. Ich hatte zwar regelmäßige Kontakte zu einer Reihe von Kollegen und Kolleginnen, stattete der Schule auch immer wieder mal einen Besuch ab, traf aber nie alle Lehrer/innen zugleich. Am Tage der Verabschiedung war das anders, weil ein offizieller Anlass gegeben war.

Ausgerechnet zu Beginn der Feier bescherte mein Körper mir eine off-Phase.

Einige Kollegen und Kolleginnen, die mich länger nicht gesehen hatten, konnten ihr Entsetzen oder ihre Betroffenheit über meinen schlechter gewordenen Gesundheitszustand nicht verbergen. Sie waren verunsichert und wussten nicht, wie sie sich mir gegenüber verhalten sollten.

Vor lauter Unsicherheit gingen mir einige aus dem Weg und vermieden es sogar, mich zu begrüßen.

Andere begrüßten mich übertrieben freundlich und unnatürlich. »Ach, da kommt ja ein hoher Gast, kommen Sie herein, es ehrt uns, einen solch besonderen Gast begrüßen zu dürfen ...«. Es war mir peinlich.

Einige versuchten ihre Betroffenheit zu überspielen, indem sie glaubten, irgendetwas »Kluges« sagen zu müssen, was allerdings meist völlig misslang: »Stagniert deine Krankheit nun, oder schreitet sie fort«? Oder: »Ich finde es bewundernswert, wie du trotz der Schmerzen mit der Krankheit umgehst.« Dass meine Parkinsonsche Krankheit fortgeschritten war, konnte eigentlich niemand übersehen haben, und über Schmerzen hatte ich mit der besagten Kollegin nie gesprochen.

Eine weitere Kollegin tat ihr Entsetzen kund, indem sie fragte: »Was wiegst du denn jetzt noch? 30 kg?« Ich wog damals genau 47 kg und hatte lange Zeit auch keinen Gewichtsverlust zu verzeichnen.

Wieder andere schauten mich nur mitleidig und stumm an oder entzogen sich meinen Blicken. Ich konnte ihren Augen entnehmen, was in ihren Köpfen vorging, etwa: Wie schrecklich, was aus ihr geworden ist. Armselige Kreatur, kann einem leidtun.

Die Kollegen und Kolleginnen führten mir ungeschminkt vor Augen, wie sehr ich durch die Parkinson-Krankheit gezeichnet war und welche Wirkung mein Krankheitszustand bei anderen, also in meiner Umgebung, hinterließ.

Ich war traurig und fühlte mich verletzt. Ich kämpfte gegen meine Tränen an, um mir keine Blöße zu geben. Ich brauchte mich eigentlich über die Reaktionen nicht zu wundern. Schließlich sah ich in den off-Phasen ja wirklich erbärmlich aus. Bernd versuchte mich zu trösten: ich solle über die Reaktionen hinwegsehen. Aber das war nicht leicht, weil der Mensch in solchen Situationen verwundbar ist. Ich hatte Verständnis für die Unsicherheit und die Berührungsängste der Gesunden, aber ich war auch traurig über das Verhalten der Kollegen und Kolleginnen. Ein wenig mischte sich auch Wut und Zorn über die unpassenden Bemerkungen hinein. Ich erlebte das schreckliche Gefühl der völligen Ohnmacht gegenüber der eigenen Krankheit. Ich fühlte mich »auf der anderen Seite«, wo kein Gesunder hin möchte. Verstärkt wurde das Gefühl durch meine Unfähigkeit, auf meine ehemaligen Mitstreiter zuzugehen, um mit ihnen zu sprechen. Ich fühlte mich ausgegrenzt, weil ich selber nicht laufen konnte. Krasser hätte mir das Fortschreiten der Krankheit nicht vorgeführt werden können. Da half auch kein gutes Zureden oder Trösten.

Hätte es bei dieser kleinen Feier nicht auch gute Gespräche gegeben, wäre ich vermutlich völlig frustriert und deprimiert nach Hause gegangen.

Zu Hause diskutierte ich ausführlich mit Bernd über die Geschehnisse des Nachmittags. Bernd fragte mich, was ich eigentlich von meinen Kollegen erwarte, und was ich von mir selbst erwarte?

Den Kollegen und Kolleginnen konnte ich wegen ihres Verhaltens keine Vorwürfe machen. Sie wussten zu wenig über meine Krankheit und meine vielfältigen Krankheitssymptome. Es lag also an mir, sie darüber zu informieren und ihnen durch Gespräche aus ihren Berührungsängsten und ihrer Unsicherheit im Umgang mit mir herauszuhelfen. Woher sollten sie wissen, wie ich es mir wünschte, in meinen off-Phasen behandelt zu werden? Wusste ich es überhaupt selbst? Und war dieser Wunsch in jeder off-Phase stets der gleiche? War er übertragbar auf jede off-Phase? Ich wusste, dass sich Gesunde oft schlecht in Kranke hineinversetzen können, weil sie nicht das gleiche Erleben haben.

Aber wie war es um meine eigene Wahrnehmung bestellt? Vielleicht bewertete und deutete ich die Reaktionen meiner Kollegen und Kolleginnen auch völlig falsch, wenn ich glaubte, ihre ganze Aufmerksamkeit sei auf meine Krankheit gerichtet? Empfand ich es nur so, und in Wirklichkeit traf es gar nicht zu? Maß ich meiner Krankheit möglicherweise zu viel Bedeutung bei? War ich zu sehr mit meiner Krankheit beschäftigt? Was konnte ich selber tun, um nicht um meine Krankheit zu kreisen?

Statt im eigenen Leid »gefangen« zu bleiben, konnte ich versuchen, mich etwas anderem zuzuwenden. Ich musste lernen, von mir »abzusehen«, mich und meine Krankheit nicht in den Mittelpunkt zu stellen, lernen, nicht im eigenen Leid zu »ertrinken«. Ich könnte mit dem einen oder anderen Kollegen ein Gespräch beginnen. An Themen dürfte es bei diesem Wiedersehen nach langer Zeit nicht mangeln. Ich konnte etwas dafür tun, dass sich mein Blick für etwas anderes als meine Krankheit öffnet.

Wie sollten meine Gesprächspartner auf mich eingehen? Wie sollten sie sich mir gegenüber verhalten?

Trotz meiner körperlichen Gebrechen und trotz meines persönlichen Empfindens, dass sich mein Körper »davongeschlichen« hatte und eigene Wege ging, blieb ich doch (zumindest äußerlich gesehen) eine Leib-Geist-Seele-Einheit. Zwar spürte ich, gerade in den off-Phasen, wie sehr diese Einheit erschüttert wurde. Ich fühlte mich von meinem Körper im Stich gelassen, verlassen, unvollständig zurückgelassen. Er nahm keine Rücksicht auf diese schützenswerte Einheit, die das Ganze meiner Person ausmachte. Aber auch, wenn er sich seiner Aufgabe für diese Ganzheit entzog, so blieb ich als Person doch die eine, die ich war und bin und immer sein würde, deren charakteristische Merkmale meine Einmaligkeit und Einzigartigkeit sind, auch dann noch, wenn mein Körper nicht mehr funktionierte wie einst und ich ihn als Fremdkörper empfand, der sich von mir abgekehrt hatte.

Aus diesem Grund wollte ich nicht anders behandelt werden wie eh und je. Ich wollte weder bemitleidet noch hofiert werden. Ich wollte nicht wegen meiner Krankheit besondere Aufmerksamkeit auf mich gerichtet sehen. Ich wollte nicht in den Mittelpunkt gestellt werden, nur weil ich vielleicht im Rollstuhl saß. Ich war nicht plötzlich ein anderer Mensch geworden, auch wenn es äußerlich so schien. Ich war mehr als meine Krankheit und wollte nicht auf sie reduziert werden. Ich sagte: »Ich bin nicht meine Krankheit, ich habe sie nur«.

Natürlich kann sich jeder für diese Krankheit interessieren, es ist sogar wünschenswert, damit er ein Verständnis für die Krankheitssymptome erlangt, die für Außenstehende ungewöhnlich erscheinen. Ich wollte die Krankheit nicht überbewertet wissen, als sei sie das Wichtigste in meinem Leben. Sie griff zwar erbarmungslos in mein Leben ein, diktierte mir nur allzu oft, wie ich meinen Alltag gestalten sollte, aber sie war nicht mein Leben. Es gab Wichtigeres in meinem Leben als meine Krankheit. Das war zum Beispiel all das, was ich trotz und mit meiner Krankheit tun konnte. Ich wurde in vielerlei Dingen sehr von James beherrscht, aber kraft meiner geistigen Fähigkeiten konnte ich mich auch über Sir James hinwegsetzen und erheben. Wenn auch mein Körper versagte, so blieb mir die geistige Dimension, das heißt: die Fähigkeit, mein Leben mit diesen gegebenen unabänderlichen Einschränkungen sinnvoll zu gestalten.

Bernd fragte mich, was ich mir von meinen Gesprächspartnern, die mich in kümmerlichem Körperzustand erleben, wünsche? Ich antwortete: «Vielleicht ist es zu viel verlangt, weil der Mensch sich sehr von Äußerlichkeiten beeindrucken und leiten lässt. Aber: wenn das Kollegium mich doch als die nähme, die es kennt. Meine Krankheit ist nur ein Teil von mir, der mich körperlich beeinträchtigt und zu äußerlichen Veränderungen geführt hat, aber an meiner Ich-Identität, an meinem Person-Sein hat sich nichts geändert. Sir James gehört zu mir, wir gehen miteinander durchs Leben, aber ich bin nicht James, wie er umgekehrt nicht mein Ich ausmacht. Vielleicht verlange ich zu viel. Ich muss jedem anderen wie mir selbst zugestehen, Gefühle und Empfindungen zu haben, die er zum Ausdruck bringen möchte, so zum Beispiel seine Erschütterung oder sein Entsetzen über etwas unerwartet Eintretendes, seine Traurigkeit oder auch seine Freude über etwas Schönes. Das weiß ich sehr wohl, nur wünsche ich mir, dass meine Krankheit nicht den Blick versperrt für den Menschen, der sich hinter meiner äußeren Schale verbirgt, den Menschen, der ich bin.«

Bernd und ich hatten schon mehrmals ähnliche Erlebnisse wie die während der Abschiedsfeier der Kollegin in der Schule. »Erinnerst du dich noch an die Szene, als wir zusammen zu Fuß einkaufen gingen und uns eine ältere Frau dumm anquatschte? Du sollest nicht so hampeln, sagte sie, das gehöre sich nicht für eine Dame.« »Ja, ich weiß es noch genau. Ich hatte damals so starke Dyskinesien. Ich war richtig niedergeschlagen und fühlte mich verletzt wegen dieses Kommentars. Du sagtest mir zwar: Es solle mir doch egal sein, was andere denken. Aber es war mir nicht egal, jedenfalls in dieser Situation nicht. Vielleicht erinnerst du dich noch daran, wie ich in der Schule als Alkoholiker stigmatisiert wurde, oder wie oft ich in der Öffentlichkeit blöd angeguckt wurde.« Bernd nickte zustimmend.

»Es gab Situationen, in denen wäre ich am liebsten im Erdboden versunken oder weggelaufen. Es gab auch Situationen, in denen mir so heftig meine Hilflosigkeit

und Abhängigkeit von anderen vor Augen geführt wurden, dass ich nur noch heulen konnte.
Und es gab Situationen, in denen ich in Selbstmitleid beinahe ertrunken wäre. Allerdings gab es auch Tage, an denen ich unverletzlich war, an denen ich mich von bösen Kommentaren, unangenehmen Blicken etc. nicht beeindrucken ließ.
Ich erlebe noch heute Momente, in denen ich Sir James, wenn auch notgedrungen, als Begleiter akzeptiere, mich mit ihm arrangiere und Angriffe von außen unbeschadet überstehe. Aber ich erlebe auch Momente, in denen ich diesen lästigen Begleiter lieber jetzt als gleich auf den Mond schießen möchte, jedenfalls möglichst weit weg, Momente, in denen ich mich total ausgeliefert und kraftlos fühle. Verstehst du das, Bernd?«
»Ja«, antwortete er. »Viele Probleme lassen sich mit dem Verstand lösen. Aber Gefühle lassen sich nicht einfach ausschalten. Gegen sie kommt der Verstand oft nicht an.«
»Genau so ist es. Man kann nicht jedes Mal über alle Anfeindungen hinwegsehen. Man hat nicht immer die Kraft dazu. Die Gefühle, die in solchen Momenten spürbar werden, reichen von Verständnis für die Unsicherheit und Berührungsangst des Gesunden über Traurigkeit wegen seines Verhaltens bis hin zu Wut und Zorn über seine dummen Bemerkungen. Und man erlebt das schreckliche Gefühl der völligen Ohnmacht gegenüber seiner eigenen Krankheit. Man fühlt sich total auf der anderen Seite, wo kein Gesunder hin möchte Man kann nicht immer einfach sagen: Mach dir nichts daraus, was andere sagen oder denken. Es ist nicht einfach, sich anderen so, wie man ist, zuzumuten. Und offen gesagt: Ich finde es sogar gut und möchte es mir auch bewahren, meine Schwächen haben und zeigen zu dürfen. Gerade das macht das zutiefst Menschliche aus. Ich kann und will nicht nur stark sein.«
Ich hatte kaum geendet zu sprechen, als mir Tränen in die Augen schossen und ich jämmerlich zu weinen begann. »Ich kann und ich will nicht nur stark sein«, wiederholte ich schluchzend. »Das brauchst du auch nicht. Angela«, tröstete Bernd mich. »Was du alles leistest, ist weiß Gott mehr als genug. Das soll dir erst mal jemand nachmachen.«
»Jetzt heule ich dir auch noch etwas vor, obwohl du dir schon genug Sorgen um mich machst und nach deiner Arbeit mal Ruhe verdient hast.« »Du hast wirklich allen Grund zu weinen und zu klagen«, beruhigte Bernd mich. Durch mein Gesicht kullerten dicke Tränen. »Es ist gut, dass du weinen kannst, dann kommt der ganze Kummer mal heraus, und du wirst sehen, gleich geht es dir bestimmt besser.« Ich schluchzte noch einmal und trocknete die Tränen mit einem Taschentuch ab.

16. Parkinson heißt Abschied nehmen

»Wenn diese dumme Krankheit nicht wäre, was hätten wir beide alles unternehmen können. Aber wenn das Wörtchen wenn nicht wäre ...«, sagte Bernd manchmal zu mir. Es hatte keinen Zweck sich selbst zu bemitleiden. Immerhin hatte ich es geschafft, stets nach vorne zu blicken und mein Leben immer wieder neu zu organisieren, wenn es das Fortschreiten der Krankheit erforderlich machte. Bernd bewunderte mich, weil ich mein Leben lang nicht aufgegeben hatte. Im Gegenteil: Ich versuchte, aus jeder noch so misslichen Lage stets das Beste zu machen. Ich war sicherlich keine perfekte Mutter und Ehefrau, aber ich bemühte mich, meine Aufgaben zu aller Zufriedenheit zu erfüllen. Darüber hinaus war ich auch eine überzeugte Pädagogin. Die Parkinsonsche Krankheit kam mir in jungen Jahren in die Quere und brachte meine gesamte Lebensplanung durcheinander. Trotzdem ließ ich mich nicht unterkriegen. Ich hatte neue Hobbys entdeckt. Ich malte mit Ölfarben, nähte Teddybären, schrieb Gedichte und andere Texte und engagierte mich in einer Internet-Selbsthilfegruppe.

Acht Jahre nach der Diagnose Parkinson war für mich eine besonders schwere Zeit gekommen. Ich konnte meinem geliebten Beruf als Lehrerin nicht mehr nachgehen. Ich gestand mir ein, dass ich der Arbeit nicht mehr voll gerecht werden konnte, ohne an meiner körperlichen und psychischen Gesundheit Raubbau zu betreiben. Das Ende meiner Berufstätigkeit stand bevor, lastete tonnenschwer auf meinem Rücken und war längst überfällig. Ich hatte meinen Körper lange genug malträtiert, ihm Leistungen abverlangt, die an die Grenze seiner Leistungsfähigkeit gingen, ohne Rücksicht auf sein Befinden zu nehmen.

Ich zweifelte: Bin ich wirklich nicht mehr imstande, den an mich gestellten Anforderungen zu genügen? Ich wusste, dass körperliche Handicaps vorhanden waren, aber geistig fühlte ich mich meinen Aufgaben gewachsen. Im Beruf wurde von mir beides verlangt, ich musste voll funktionstüchtig und belastbar sein. Ich bewältigte in den Pausen nicht mehr die Fußwege von einem zum anderen Gebäude. Ich kroch im Schneckentempo durch die Flure, verspätete mich regelmäßig, war der Hektik nicht mehr gewachsen. Die kleine Welt um mich herum war mir zu schnell geworden. Ich hatte das Gefühl, nicht mehr mitzukommen, nicht mehr gut genug zu funktionieren, nicht mehr allen Ansprüchen, die an mich gestellt wurden und die ich selber an mich stellte, zu genügen.

Warum überforderte ich mich ständig? Sir James setzte sich zur Wehr, indem sich der Tremor und der Rigor verstärkten. Meine Psyche setzte Angstattacken als Abwehrmechanismen ein. Es gab nur einen Weg aus diesem Dilemma: Den Austritt aus dem Schulleben. Ich sah das Ende dieses Lebensabschnittes unaufhaltsam heranrücken. Ich musste mich dieser Auseinandersetzung stellen.

Zwanzig Jahre unterrichtete ich nun schon – zwanzig Jahre im aktiven Schuldienst – zwanzig Jahre, eine lange Wegstrecke meines Lebens. Mein Alltag wurde zu einem erheblichen Teil von der Schule bestimmt. Fragen über Fragen beschäftigten mich, und ich versuchte, von Bernd Entscheidungshilfen einzufordern.

Wie würde es sein, wenn dieser Teil von heute auf morgen entfiel? Wenn es hieß, Abschied nehmen zu müssen von all den Aufgaben, die mich bisher ausgefüllt hatten. Schluss! Aus! Vorbei!

Würde mir der Austausch mit den Kollegen und Kolleginnen, den Schülerinnen, den Eltern fehlen? Welche Aufgaben könnte ich an die Stelle der bisherigen setzen? Würde ich unglücklich werden, weil mir zu Hause die Decke über dem Kopf zusammenfiel? Würde ich verblöden, weil die geistige Herausforderung fehlte?

Nein, das würde nicht passieren! Ich würde mich nicht zurückziehen und isolieren. Ich würde nicht untätig herumsitzen, denn ich war schon immer ein kommunikativer und engagierter Mensch mit vielen Interessen. Ich würde Zeit zum Lesen, Zeit für Korrespondenzen, Zeit für Freunde, für die Familie, Zeit für das kulturelle Leben haben.

Aber wie schnell würde ich es leid sein, was sich zunächst so schön und attraktiv anhörte? Sechs Wochen Sommerferien reichten auch stets aus, die Schule wieder herbeizusehnen, auch wenn damit viel Arbeit und Stress verbunden war. Reichten meine Interessen aus, die frei werdende Zeit zu füllen?

Oder würde ich in ein tiefes Loch der Depression und Unzufriedenheit fallen, aus dem ich nicht mehr den Weg hinaus fände?

Würde ich meiner Familie zur Last werden, weil ich mich unglücklich fühlte? Oder würde ich aus gesundheitlichen Gründen bald gar nicht mehr in der Lage dazu sein, noch irgendwelchen Aktivitäten nachzugehen?

Wie Mückenschwärme, die keine Ruhe geben wollen, schwirrten die Gedanken in meinem Kopf umher.

Aber die Schule ist nicht das Leben! Mein Parkinson rebellierte gegen meinen körperlichen Raubbau. Abwechselnd zitterte ich mehr und mehr, oder ich wurde zunehmend steif. Ich war sicher, dass mein Gefühl mich nicht betrog: Ein neuer Lebensabschnitt stand unmittelbar bevor. Eine erneute Panikattacke machte diese Ahnung wahr. Meine Neurologin riet mir dringend zum Austritt aus dem Schuldienst.

Nun war sie da, die Entscheidungssituation, die ich solange vor mich her geschoben hatte. Am liebsten hätte ich mich ihr entzogen.
Bernd gab mir noch einmal zu bedenken, ob ich es nicht doch schaffen könnte, den Beruf weiter auszuüben. »Vielleicht machst du dich unglücklich, wenn du der Schule den Rücken kehrst. Vielleicht ist deine Zufriedenheit dann ein für alle Mal dahin.«
Schließlich hatte Bernd ein Einsehen: Stress schadete meiner Gesundheit, weil ich empfindlich auf Stress reagierte. Er ermutigte mich deshalb, in den vorzeitigen Ruhestand zu treten, statt mich zu verunsichern.
Wieder kamen Zweifel in mir hoch. Ich wünschte mir Gewissheit, das Richtige zu tun. Mit wem ich mich auch beriet, die Entscheidung musste ich allein treffen. Keiner konnte sie mir abnehmen.
Immer wieder wog ich das Für und Wider einer Entscheidung gegeneinander ab. Wie ich mich auch entscheiden würde, die Konsequenzen musste ich tragen. Aber diese Konsequenzen konnte ich nur erahnen. Ich hatte Sorge vom Regen in die Traufe zu fallen.
Schweren Herzens folgte ich dem Rat meiner Ärztin und willigte in den Antrag auf vorzeitige Pensionierung ein.
Meiner Verabschiedung sah ich mit unguten Gefühlen entgegen. Ich hatte Angst vor der Traurigkeit, mit der sich die Endgültigkeit, die Absolutheit dieses Schrittes erfüllen würde.
Acht Jahre hatte Sir James mich auf Schritt und Tritt begleitet. Acht Jahre lang hatte ich Zeit gehabt, mich auf diesen Abschied vorzubereiten, und ich konnte mich immer noch nicht mit diesem Gedanken anfreunden, stattdessen zögerte ich, wollte Zeit gewinnen, wollte am liebsten vor der Entscheidung fliehen. Aber dieses Mal würde ich nicht so einfach davonkommen.
Es tat mir weh, etwas Liebgewonnenes lassen zu müssen, einen Teil meines Lebensinhaltes abgeben zu müssen – und nicht gerade einen unerheblichen Teil. Das war keine Kleinigkeit, das traf mich mitten ins Herz, das verursachte seelischen Schmerz. Dieser Abschied war kein einmaliger Abschied, den man hinnimmt, und dann ist es das gewesen.
Das Abschiednehmen hatte mich seit meiner Frühpensionierung nicht mehr verlassen. Immer wieder keimte der Schmerz in mir auf, sei es, dass ich einen Lehrerkalender von einem Geldinstitut zugesandt bekam oder sei es, dass ich einfach nur meine Schul- oder Unterrichtsmaterialien im Regal ansah.
Der Abschied nahm fortan mehr und mehr Platz in meinem Leben ein. Ich mus-

ste Abschied nehmen von lieb gewonnenen Gewohnheiten, von alltäglichen Selbstverständlichkeiten, ich musste adieu sagen zur Leichtigkeit des Seins, zur Unbeschwertheit des Lebens. Ich musste mich unfreiwillig mit Sir James arrangieren, ich musste all seine Attacken ungewollt ertragen. Ich blieb lange Zeit unversöhnlich mit dieser Krankheit, die, wie ich zu sagen pflegte, »ein böses Spiel mit mir, mit meinem Körper und meiner Seele« spielte.

Sir James empfand ich als Feind, als einen Störfaktor in meiner Lebensgestaltung. Ich fühlte mich durch ihn in meiner Freiheit eingeschränkt. In meinen Augen war er derjenige, der nichts anderes im Sinn hatte, als mich unentwegt zu traktieren, derjenige, der meine Lebensqualität beeinträchtigte, wann immer er es wollte. Ich wollte ihn loswerden. So schnell wie möglich. Ich verabscheute ihn. Ja, ich hasste ihn. Er zog meinen ganzen Zorn auf sich, und ich schrieb ein Gedicht dazu.

Parkinson heißt Abschied nehmen

Parkinson
heißt
Abschied nehmen
heißt
verlassen
liebgewonnener Gewohnheiten
alltäglicher Selbstverständlichkeiten

Parkinson
heißt
Abschied nehmen
heißt
adieu sagen
der Leichtigkeit des Seins
der Unbeschwertheit des Lebens

Parkinson
heißt
Abschied nehmen
heißt:
unfreiwillig annehmen
Ungewolltes ertragen
unversöhnlich bleiben

Böses Spiel der Krankheit
mit dem Körper
mit der Seele
mit Dir

17. Du bist aber wirklich schlecht dran

Während unseres Urlaubs im Périgord schwelgten wir, im Liegestuhl liegend und den Blick auf den Sternenhimmel gerichtet, in gemeinsamen Erinnerungen. »Ich frage mich manchmal: was wäre aus mir geworden, wenn ich dir nicht begegnet wäre?« »Ganz einfach, du hättest einen anderen gefunden, mit dem du glücklich geworden wärest«, gab Bernd zur Antwort. »Das glaube ich nicht. Es war Vorsehung, dass du auf der Abiturfeier meines Bruders eingeladen warst und wir uns dort getroffen haben.«

»So froh kannst du doch auch nicht darüber sein, mir begegnet zu sein«, sagte Bernd und erinnerte mich an die Schlappe bei unserer Hochzeitsfeier. »Genau«, erwiderte ich, »ich hätte es mir vielleicht doch besser überlegen sollen. Du hast damals nicht einmal bemerkt, dass mich unsere Freunde entführt hatten.« Bernd zeigte ein breites Grinsen, das Grinsen eines spitzbübischen Kindes, das etwas Ungeheuerliches verbrochen hat und das einen gewissen Stolz auf seine, wenn auch wenig heldenhafte Tat verrät. »Tja, so spielt das Leben«, entgegnete Bernd lapidar und schmunzelte: »Ich hab es halt nicht gemerkt, dass man dich entführt hat.«

Bis zu meinem 38. Lebensjahr hatten wir beide eine glückliche, unbeschwerte Zeit verbracht. Doch aus diesem scheinbar selbstverständlichen Leben wurden wir jäh herausgerissen, als ich an Parkinson erkrankte. Zwar änderte sich unser Leben nicht gleich, aber peu á peu schlichen sich Einschränkungen und Verzichtleistungen in die Alltagsgestaltung ein. Vieles, was vor der Krankheit problemlos funktionierte, bedurfte zunehmend enormer Anstrengungen oder gelang gar nicht mehr. Parkinson bedeutete, immer häufiger Abschied nehmen zu müssen. Das hatte besonders ich oft massiv zu spüren bekommen.

Sir James konnte mich zur Weißglut bringen: Manchmal hat James mir Tage beschert, die ich am liebsten aus dem Kalender gestrichen hätte. Alles, was ich an solchen Tagen in Angriff nehmen wollte, gelang mir nicht, weil James mir ständig einen Riegel davor schob.

Es fing schon beim Aufstehen an. Oft konnte ich mich nur mit größter Mühe ins Bad begeben. Das Haarewaschen musste ich auf einen späteren Zeitpunkt verschieben, wenn ich vielleicht etwas beweglicher sein würde. Aber auf diesen Zeitpunkt konnte ich häufig lange warten. Sir James zeigte mir, wer der Herr ist, wer von uns beiden das Sagen hat.

Sir James spielte sich förmlich auf. Die Medikamente zeigten keine Wirkung. Schne-ckentempo war mal wieder angesagt. Das Frühstück schmeckte mir nicht,

weil mir das Kauen so schwer fiel. Ich musste das Brot im Mund langsam zermalmen oder weich lutschen.
Doch damit nicht genug; einmal schellte es an der Haustür. Ich schleppte mich mit aller Kraft zur Tür. Es dauerte lange, bis ich mein Ziel erreicht hatte. Endlich! Geschafft, dachte ich und öffnete erleichtert die Tür, hörte noch das Motorengeräusch des davon eilenden Autos und erkannte, dass es der Paketdienst der Post war. Zu spät! Pech gehabt. Ich hätte heulen können. Ein Gemisch von Traurigkeit, Wut und Ohnmacht erfüllte mich. So etwas beeindruckt Sir James allerdings nicht.
Stattdessen ließ er nicht ab von mir. Ich bemerkte, dass mir der Briefkastenschlüssel fehlte, um an die Benachrichtigung zu kommen. Was blieb mir anderes, als dass ich mich zurück zur Küche quälte. Schritt für Schritt erkämpfte ich mir den Weg dorthin, ignorierte die Steifheit und hob im Wechsel die bleiern schweren Füße vom Boden ab. Schließlich – es war eine Menge Zeit vergangen – hielt ich die Mitteilung des Paketzustelldienstes der Post in der Hand. Das Paket kann an der Hauptpost abgeholt werden, jedoch nicht vor morgen Nachmittag, las ich verärgert. Ich war wütend darüber, dass ich nicht schnell genug gewesen war. Wie leicht ist so ein Zettel in den Briefkasten geworfen. Wie einfach wäre es, das Paket abzuholen, wenn ich gesund wäre. Aber wie beschwerlich ist es für einen Gehbehinderten zur Hauptpost zu kommen.
An jenem Tag hielt Sir James noch weitere Überraschungen für mich bereit. Das Telefon klingelte, und ich brachte alle mir zur Verfügung stehende Energie auf, um rechtzeitig zum Schreibtisch zu gelangen, zählte die Schritte bis zum Schreibtisch: noch vier Schritte, noch drei Schritte, noch zwei Schritte. Geschafft! Gott sei Dank, dachte ich, ich bin am Telefon. Ich nahm den Hörer ab, wollte gerade meinen Namen in die Muschel sprechen, als der Teilnehmer am Ende der Leitung auflegt. Mir war zum Heulen zumute. James brachte mich an jenem Tag zur Weißglut.
Aber es reichte Sir James noch immer nicht. Er malträtierte mich weiter. Ich musste dringend zur Toilette. Meine Beine wollten mich nicht tragen. Ich setzte mich in meinen Rollstuhl, der aber keine wesentliche Hilfe darstellte, da meine Arme ihn nicht richtig in Bewegung setzen konnten. Ich entschloss mich, es auf allen Vieren zu versuchen und krabbelte zum WC.
James hatte sich erneut eine Gemeinheit ausgedacht. Es gelang mir nicht, die Knopfleiste meiner Jeans zu öffnen. Hätte ich doch diese Hose mit der Knopfleiste nicht angezogen. Dann hätte ich dieses Problem jetzt nicht, dachte ich. Je angestrengter ich die Knöpfe zu öffnen versuchte, desto mehr zitterten meine Hände. Der Druck der Harnblase wurde größer. Ich geriet in Panik. Was, wenn ich die Hose

nicht auf bekomme, dachte ich. – Endlich! Der erste Knopf war offen. Jetzt nur nicht aufgeben, sagte ich mir. Ich probierte es wieder und wieder, bis ich gerade noch rechtzeitig auch die anderen Knöpfe bezwungen hatte. Gott sei Dank konnte ich das drohende Unglück abwenden.
Es war scheinbar noch nicht genug, Sir James ärgerte mich weiter. Die Knopfleiste musste nun wieder geschlossen werden. Ich schaffte es beim besten Willen nicht. Die Finger wollten mir nicht ihre Dienste erweisen und zitterten um die Wette. Ich resignierte. Die Knopfleiste musste warten.
Seit der ersten morgendlichen Tablettendosis waren vier Stunden vergangen. Und da ich damals alle vier Stunden Medikamente brauchte, war es an der Zeit, wieder welche einzunehmen. Hoffentlich wirken sie dieses Mal, dachte ich.
»Bernd, du erinnerst dich vielleicht, dass im Haus an verschiedenen Stellen meine Tablettendosen lagen, daneben stand jeweils eine Flasche Mineralwasser«, bemerkte ich beiläufig.
Ich wählte den kürzesten Weg zum Schreibtisch, schluckte das L-Dopa und wartete auf Beweglichkeit. Vergeblich, ich blieb steif, meine Beweglichkeit war wie eingefroren.
Ich setzte mich also an den Schreibtisch und sah, dass die Sonne schien. Jetzt könnte ich mich gemütlich in den Garten setzen und lesen, ging es mir durch den Kopf. Aber wie sollte ich das bewerkstelligen? Die Gartenstühle standen noch unter der Regenschutzhülle. Ich würde es kaum schaffen, einen dieser schweren Holzstühle aufzuklappen und aufzustellen. Aber ich wollte mich nicht unterkriegen lassen, schon gar nicht von James. Deshalb widersetzte ich mich der Steifheit, indem ich meine ganze Kraft zusammennahm und nach draußen stolperte. Es dauerte lange, bis ich den Stuhl unter der Abdeckung hervorgeholt und aufgestellt hatte. Ich musste ihn nur noch an die richtige Stelle tragen: weder in die pralle Sonne noch in den Schatten. Meine Beine rührten sich mit dieser Last nicht vom Fleck. Ich musste den Stuhl stehen lassen, wo er stand. Jetzt fehlte nur noch die Sitzauflage, die ich mühsam herbeischleppte.
Ich fiel erschöpft in den Gartenstuhl, als die Sonne sich hinter den Wolken versteckte. Mir war kalt, außerdem hatte ich mein Kissen vergessen, ohne das ich in diesen Gartenstühlen immer Rückenschmerzen bekam, die ich allerdings ohnehin schon hatte, weil die Tabletten nicht wirken wollten.
Und dann ..., wieder läutete das Telefon. Es lag noch auf dem Schreibtisch, weil es mir beim Aufstellen des Stuhles im Weg gewesen wäre. Ich verzichtete darauf, es zu holen. Ich würde doch zu spät kommen. Ich blieb sitzen, fror und hatte Rücken-

schmerzen. Ich fühlte mich miserabel. Sir James hatte immer noch weitere Hasstiraden gegen mich auf Lager. Ich fühlte mich wie sein Spielball.

Ich dachte an Nicolas Bemerkung: »Du bist wirklich schlecht dran. Wenn ich sehe, was meine Arbeitskollegin, die etwa in deinem Alter ist, alles unternehmen kann«. Ja, sie hatte Recht. Was konnte ich schon problemlos unternehmen? Selbst bei den kleinsten Erledigungen war ich von James und seinen Launen abhängig. Nicht einmal die Hose konnte ich öffnen, wenn ich zur Toilette musste. Demnächst brauche ich Hosen mit Gummizug. Wie mag das nur aussehen? Hosen mit Gummizug. Was wäre, wenn ich einmal an Durchfall erkranke? Nicht auszudenken! Ja, man müsste mich in Windeln stecken. Windeln für Erwachsene! Windeln für mich!

Für jede Kleinigkeit auf fremde Hilfe angewiesen sein, das ist etwas Schreckliches. Ich konnte damals den Gartenstuhl nicht problemlos aufstellen, geschweige denn ihn fortbewegen. Selbst das Öffnen von Mineralwasserflaschen bedeutete Schwerstarbeit für mich. Ich war schon damals nicht mehr in der Lage, mich alleine zu versorgen. Andere mussten für mich einkaufen. Ich fühlte mich wie ein hilfsbedürftiges Baby. Ein knapp 50-jähriges ›Baby‹. Ein Baby mit Windeln. Ich zerfloss an jenem Tag in Selbstmitleid.

Wie gerne wollte ich wie andere Großmütter auch mit meinen beiden Enkelkindern einmal unbeschwert einen Ausflug in den Zoo machen. Aber Sir James stand mir im Wege, er ließ es nicht zu. Nicola hätte nicht nur ihre beiden Kinder zu beaufsichtigen, sondern dazu noch eine pflegebedürftige Mutter zu betreuen.

Ich dachte daran, wie oft ich schon davon geträumt hatte, morgens nach dem Aufstehen leicht beschwingt, ohne Gehstörungen, ohne steif zu sein, das Bad betreten und mich frei bewegen zu können, nicht überlegen zu müssen, ob das Waschen der Haare heute gelingen könnte oder nicht. Ich wollte meinen ständigen Begleiter James loswerden, wenigstens für einen Tag. Beweglichkeit ohne Einschränkung. Ich malte mir aus, wie schön das doch wäre.

Ich saß immer noch bewegungslos im Gartenstuhl, fror, hatte Rückenschmerzen und ertrank fast in meinen Tränen.

Dann schellte es an der Haustür. Auch das noch! Ich erwartete keinen Besuch. Ehe ich mich vom Stuhl erheben konnte, hörte ich eine Stimme rufen: »Hallo, ist da jemand?« Es war Lena, die hereinkam und mich im Garten aufsuchte. Es war mir peinlich, dass sie mich in dieser deprimierten Stimmung vorfand. »Was ist los mit dir? Hast du Schmerzen?«, fragte sie mich. Ich antwortete: »Ist schon wieder gut. War nur ein Durchhänger.«

Sie ließ nicht locker, bis ich ihr meine Sorgen und Nöte erzählte. Sie tröstete mich.

Ich fühlte mich wieder gut, entlastet von allem Schmerz und Kummer. Ich konnte wieder lachen, nur – jetzt war Lena traurig und konnte ihre Tränen nicht mehr zurückhalten. Es bewegte mich zu erleben, wie sehr auch sie unter meiner Krankheit litt.
Am Abend erkundigte sie sich telefonisch nach meinem Befinden. Sie weinte, weil ihr meine Probleme mit James den ganzen Tag lang nicht aus dem Kopf gegangen waren. Ich versuchte sie zu beruhigen, aber sie blieb bedrückt. Später schrieb ich ihr einen Brief, in dem ich ihr meine Sicht der Dinge erläuterte. Ich schrieb ihr:

Liebe Lena,
natürlich ist meine Krankheit kein Zuckerschlecken, aber mir geht es im großen Ganzen gut und das vor allem deshalb, weil ihr (meine Familie) mir so vieles erleichtert und mich spüren lasst, dass ich mit meinen Problemen nicht alleine bin. Ich fühle mich von euch getragen, und ihr gebt mir das Sicherheitsgefühl, das mein Körper mir nicht mehr geben kann. Damit tragt ihr unendlich zu meinem Wohlergehen bei. Dass ich trotz dieser positiven Erfahrung auch manchmal einen »Durchhänger« habe, ist wohl verständlich. Aber ich bin dann selber darüber traurig, dass ich euch zusätzliche Sorgen mit meiner niedergeschlagenen Stimmung bereite, denn das möchte ich nicht. Dass ihr mir dann zuhört und mir eure Zeit schenkt, zum Beispiel du am gestrigen Tag, hilft mir sehr und gibt mir neuen Mut und Kraft, wieder positiv zu denken. Ich möchte dir sagen, dass meine Krankheit mir nicht nur Trauriges beschert, im Gegenteil, ich erlebe durch sie sehr viel Schönes: zum Beispiel eure Zuwendung und Hilfe, eure Liebenswürdigkeiten und euer Mitfühlen.
Ich bin durch meine Krankheit vielen besonderen Menschen begegnet. Ich habe neue, sehr wertvolle Freundschaften geschlossen, zum Beispiel mit Ludger und Miriam und mit den Bewohnern der Parkinson Wohngruppe oder mit Peter und Birte, mit Benjamin und Lotte, oder mit Elisa, Clemens, Thomas und Sarah oder Andreas, Christoph und Patrick, um nur ein paar Freunde aus der Internet-Selbsthilfegruppe zu nennen. All diese bewundernswerten Menschen hätte ich ohne meine Parkinson-Krankheit nicht kennen gelernt, und das wäre ein echter Verlust.
Am Anfang der Erkrankung steht, wie bei jedem, der plötzlich mit einer chronischen Krankheit konfrontiert wird, die Auseinandersetzung mit dieser neuen Sachlage oder Situation. Diese Auseinandersetzung reicht von totaler Ablehnung und Verdrängung, von Wut und Zorn über den Drang nach Information bis hin zu einer Annahme und Akzeptanz. Das ist ein langer Weg, den der Betroffene zu gehen hat, und es dauert oft Jahre, bis er seine Krankheit wirklich vollständig annehmen kann. Aus eigener Erfah-

rung habe ich gelernt, was es heißt, wenn der Körper dem Menschen nicht mehr gehorchen will und nicht mehr durch eigene Kraft und eigenen Willen steuerbar ist. Das gibt mir die Möglichkeit, ähnlich Betroffene genau zu verstehen, ihre Gefühle nachzuempfinden. Ich glaube auch, dass ich gelernt habe zu warten, einfach etwas hinzunehmen, geduldig zu sein.

Das ist eine Eigenschaft, die in unserer heutigen schnelllebigen Gesellschaft oft verloren gegangen ist. Das alles ist auch ein Gewinn, den ich aus meiner Krankheit ziehen kann. Am meisten erfüllt mich allerdings mit Stolz, dass ich eine Familie habe, die so viel Feingefühl, so viel Verständnis und so viel Hilfsbereitschaft mir gegenüber zeigt, dass mein Leben jede Sekunde lebenswert macht. Mit einem Bild gesprochen, helft ihr mir dabei, sagen zu können: »Das Glas ist noch halb voll«, statt zu sagen; »das Glas ist schon halb leer«. Dafür möchte ich dir, euch allen, DANKE sagen.

Parkinson bedeutet also nicht nur Einschränkung oder Verlust, sondern auch Gewinn, und mein Motto, das ich daraus ableite, lautet: »Genieße das Leben, ob mit oder ohne Parkinson, genieße es einfach!«

Abschließend möchte ich dir, liebe Lena, noch ein Gedicht aufschreiben, das mir nach deinem Besuch in den Sinn kam. Es lautet:

Ich habe Zeit für Dich

Wer seine Zeit
die Kostbarkeit
an andere verschenkt
ist reich, empfängt
der Samen Zeit
wird Ewigkeit
Ich habe Zeit für Dich.

Doch all die scheußlichen An- und Übergriffe von Sir James waren nun nach der gelungenen THS vorbei. Nicolas Bemerkung: »Du bist aber wirklich schlecht dran«, traf nicht mehr zu. Gott sei Dank, denn mit der Operation hatte ich diese qualvolle, anstrengende Zeit hinter mich gebracht. »Sie haben alles überstanden«, klang es in meinen Ohren.

Ich konnte wieder wie früher meine Gartenarbeit verrichten. Ich genoss es, früh morgens, wenn die Vögel zu zwitschern begannen, meine Gartengeräte aus der Garage zu holen und in den Beeten zu wirbeln. In den Frühjahrs- und Sommermonaten verbrachte ich die meiste Zeit des Tages im Garten. In der ungemütlicheren Jahreszeit verkroch ich mich am liebsten in meiner Dachstube und bastelte oder handarbeitete, oder ich gab mich meiner Malerei hin.

Die meist hellen, lebendigen und kräftigen Farben, die ich in meinen Bildern verwende, spiegeln die Lichtblicke meines Alltags wider. Das war auch schon vor der erfolgreichen THS so. Meine Gemälde besitzen eine solche Leuchtkraft, dass sie jede dunkle Stimmung aufhellen. Sie sind Ausdruck meiner ungebrochenen Lust am Leben. Für mich ist meine Malerei eine Art Selbsttherapie, mit der ich mich auch in schweren Stunden über Wasser halten kann, denn ich male alles Schöne, das ich täglich wahrnehmen kann. Das entspricht meiner Überzeugung, immer erst den Blick für das Gute und Schöne offen zu halten. Zugleich sind die Bilder Ausdruck meiner Sehnsüchte und Wünsche, ähnlich wie manche meiner Texte und Gedichte, über die ich mit anderen ins Gespräch kommen und Diskussionen über Sorgen und Nöte, Sehnsüchte und Hoffnungen in Gang setzen kann.
Ein Zeugnis meiner Kreativität sind die folgenden Texte »Der Zeitlupenmensch« und »Mein Körper ist mein Fremdkörper«, die ich nachdem ich bereits elf Jahre an Parkinson erkrankt war, also noch vor der erfolgreichen THS, aufgeschrieben habe.

18. Der Zeitlupenmensch

Der Schlaf zieht aus

Der Schlaf zieht aus
weil die Knochen lärmen
Der Krach entzweit sie
Ich füge die Scherben zusammen
doch der Schlaf kehrt nicht zurück

»Es ist 6 Uhr. Sie hören Nachrichten.« ...
Ich frage mich, warum ich den Wecker stelle, wenn ich doch jeden Morgen um diese Zeit längstens wach bin. Die Nächte sind eine Strafe für mich. Stündlich wache ich auf, gepeinigt von Rückenschmerzen. Meine Knochen lärmen. Ich fühle mich um die Nachtruhe betrogen.
Spätestens wenn in der Frühe, meist um 4.30 Uhr, die Vögel miteinander zu schwatzen beginnen, ist der Schlaf vollends aus meinen Gliedern ausgezogen.
Ich habe wieder mal eine schreckliche Nacht hinter mir. Jedes Mal, wenn ich mich im Bett umdrehen will, fängt das gleiche Spiel von vorn an: Nur langsam lässt sich mein Körper in Bewegung setzen. Er verhält sich zu mir wie ein Fremdkörper, schwer wie ein Zementsack, und das bei meinem Fliegengewicht von gerade mal 45 kg. Als gehöre er mir gar nicht, muss ich ihn mit größter Kraftanstrengung herum rollen. Kaum habe ich es geschafft, ihn auf meine Schokoladenseite zu drehen, drückt eine Stofffalte im Nacken bis zur Unerträglichkeit. Ein Stückchen Stoff, das mich um den Schlaf bringt, das mich eine ganze Nacht lang quälen kann. Es bleibt mir nichts anderes übrig, als mich erneut herumzudrehen, um das Hindernis aus dem Weg zu räumen, damit die Liegeposition nicht zu einer Tortur wird. Mit dem linken Arm kann ich nicht an die Stelle gelangen, die mich zur Weißglut bringt. Der rechte Arm lagert gerade angewinkelt und in bequemer Position unter dem Kopfkissen und dient mir als Kopfstütze. Aber was nutzt es, wenn die Kissenfalte im Nacken quält? Ich hole den rechten Arm unter dem Kissen hervor, im Zeitlupentempo, denn seit elf Jahren bin ich ein Zeitlupenmensch, der die Langsamkeit entdeckt hat.
Im Zeitlupentempo also ziehe ich den Arm unter dem Kissen weg. Ich konzentrie-

re mich. Jetzt wieder zurück auf die andere Seite! Wieder spüre ich mein zementschweres Leichtgewicht, bleiern schwer, aber es muss irgendwie verschoben werden. Ich nehme alle Kraft zusammen. Gleich habe ich es geschafft! Jawohl, nun noch die Falte glatt streichen! Schweißperlen stehen auf meiner Stirn. Der Stoff ist geglättet, ich liege auf der linken Seite, völlig erschöpft. Die Knochen melden sich zurück, sie lassen keine Ruhe, lärmen noch heftiger als vor einer viertel Stunde. Ich denke einen Moment lang daran, wie schön es war, als ich noch durchschlafen konnte und wie wenig mir damals bewusst war, was es heißt, durchschlafen zu können, mehr noch: ausschlafen zu können, den Schlaf als Entspannung zu erleben. Inzwischen ist das Bett zu einem Folterinstrument geworden, die Nacht zu einer Qual. Ich schaue auf den Wecker, meinen treuen Begleiter in der Nacht. Er zeigt mir an, wie viele quälende Stunden verstrichen sind und wie viele noch vor mir liegen. Eine Stunde ist erst vergangen, seitdem ich zu Bett gegangen bin. Wie schrecklich! Meine lärmenden Knochen unterbrechen meinen Gedankengang. Die Schmerzen sind kaum zu ertragen. Ich muss mich erneut wenden. Die Prozedur beginnt von vorne. So geht es Nacht für Nacht. Ich frage mich, wie ich das durchstehe. Ich wundere mich darüber.

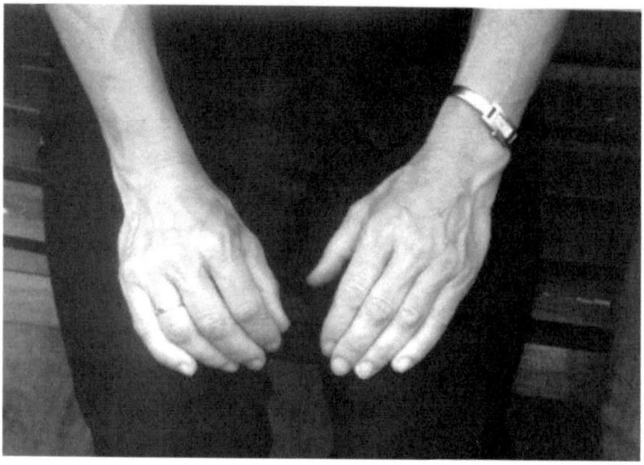

Die Nacht ist also endlich vorüber. Gott sei Dank! Ich kann aufstehen. Aber wie? Meine Knochen scheinen entzweit wie ein Scherbenhaufen, der erst zusammengefügt werden muss. Ich sortiere diesen Scherbenhaufen, drehe mich im Schneckentempo Richtung Bettkante, hänge meine Beine heraus, richte dann, auf den rechten Arm gestützt, langsam meinen Oberkörper auf. Ich beginne die steifen Füße zu bewegen: erst hoch, dann runter, im Wechsel, rechter Fuß, linker Fuß; dann kreisende Bewegungen.

Der Wecker zeigt 6.05 Uhr. Ich greife zur Tablettendose – wie jeden Morgen um diese Zeit. Erst die Tablette einnehmen, dann warten, sich in Geduld üben, die Langsamkeit entdecken, jeden Tag aufs Neue: Knochen sortieren, zusammenfügen, Tabletten einnehmen, warten ... Ein stiller Hass erfüllt mich, Hass auf den Körper, der mir nicht zu gehören scheint, der mit mir macht, was er will. Ich habe keine Gewalt mehr über ihn. Er zwingt mich in die Knie. Ich muss ihm gehorchen. Ich – ein freier Mensch in einem freien Land. Was für eine Freiheit! Nichts ist frei in mir. Alles funktioniert nur über die Einnahme von Tabletten, wenn es überhaupt funktioniert. Nicht einmal die Medikamente sind zuverlässig. Oft genug versagen sie, wenn es sich der Körper in den Kopf gesetzt hat, heute, jetzt und hier nicht zu funktionieren.

Ich sitze immer noch auf der Bettkante und warte ... warte darauf, dass das L-Dopa sich seinen Weg zum Gehirn in die substantia nigra bahnt, in der – aus welchen Gründen auch immer – nicht mehr ausreichend Dopamin ausgeschüttet wird, um die Bewegungsabläufe natürlich in Gang zu setzen. Ich warte. ...

Elf Jahre habe ich bereits Zeit, mich in Geduld zu üben, und ich kann es immer noch nicht gut. Ein langer Lernprozess, den ich vielleicht nie abschließen werde.

Vor neun Jahren konnten fünf Minuten für mich eine Ewigkeit bedeuten, wenn ich auf etwas warten musste. Nichts konnte schnell genug gehen. Heute empfinde ich zwanzig Minuten als eine kurze Zeit. Die Welt um mich herum ist mir zu schnell geworden. Ich bin nicht für diese Welt geschaffen. Ich komme nicht mehr mit. Die Welt ist eine Welt der Hektiker. Lauter Hektiker! Sie haben immer zu wenig Zeit. Die Zeit läuft ihnen davon. Sie überschlagen sich, um die Zeit einzuholen.

Der Zeitlupenmensch sitzt derweil auf der Bettkante und wartet, wartet darauf, dass das L-Dopa seinen Weg durch den Körper findet und zu seinem Ziel gelangt. Die Hektiker sind nicht auf L-Dopa angewiesen, sie sind dennoch nicht freier als ich. Sie lassen sich von der Zeit bestimmen. Sie können keine Zeit untätig verstreichen lassen, stattdessen hetzen sie den ganzen Tag lang, als müssten sie um ihr Leben fürchten. Damit liegen sie nicht einmal falsch, denn bei dieser Hektik steht es schlecht um ihr Leben.

Allmählich schlägt das Medikament an. Ich kann mich von der Bettkante erheben und schlurfe in kleinen Trippelschritten zum Bad – im Zeitlupentempo, versteht sich.

Heute bin ich mit Hannah zu einem Stadtbummel verabredet. Um nicht unbeweglich zu sein, wenn Hannah kommt, habe ich meine Medikamente etwas früher eingenommen als gewöhnlich. Meist reicht die Dosis für zwei bis zweieinhalb Stunden.

Pünktlich um 14.00 Uhr holt Hannah mich ab. Die Tabletten wirken leider noch nicht. Meine Beine wollen mir nicht gehorchen. Die Füße, schwer wie Blei, scheinen am Boden festzukleben. Als seien sie wurzeltief mit dem Erdreich verwoben, stehen sie da und verweigern mir ihre Dienste. Ich versuche, von der Stelle zu kommen. Der Oberkörper kippt schon leicht nach vorn, aber die Füße bleiben wie angefroren stehen. Ich stolpere nach vorn, finde gerade noch Halt am Türrahmen. Wieder wollen die Füße nicht gehorchen. Ich erteile mir einen Befehl: Konzentriere dich ganz auf den nächsten Schritt! Also noch einmal von vorn: Fuß anheben, möglichst hoch, dann einen großen Schritt! Gelungen! Aber die Freude darüber, den streikenden Fuß ausgetrickst zu haben, währt nur einen kurzen Moment, denn schon kippt der Oberkörper vornüber, während die Füße wieder am Boden kleben. Wieder Glück gehabt! Ich kann mich gerade noch rechtzeitig fangen. Gott sei Dank, kein Sturz!

Wann tritt endlich die Wirkung der Medikamente ein? Eigentlich kann es nicht mehr lange dauern. Ich stolpere mit vornüber gebeugtem Oberkörper Schritt für Schritt voran und gelange schließlich unversehrt zum Auto. Hier bin ich fürs erste in Sicherheit.

Hannah fährt auf dem schnellsten Weg in die Stadt. Sie sucht einen Parkplatz möglichst nah an der Fußgängerzone, damit wir nicht kostbare Zeit verlieren, ehe wir mit dem Geschäftebummel beginnen können und ehe die Wirkdauer der Tabletten vorbei ist.

Ich hake mich bei Hannah ein. Wir begeben uns auf den Weg, aber die Beine machen mir einen Strich durch die Rechnung. Längstens müsste das L-Dopa sein Ziel im Gehirn erreicht haben und meine Bewegungsabläufe in Gang setzen. Ein frommer Wunsch, wie sich herausstellt! In kleinen Trippelschritten, ständig unterbrochen durch meine unwilligen Füße, bahnen wir uns einen Weg durch die Straße. Jeder entgegenkommende Fußgänger, jede Straßenbiegung stellt ein fast unüberwindbares Hindernis für mich dar und bringt mich zum Stocken. Endlich gelangen wir an das erste Geschäft. Die Tür zu durchschreiten, bereitet mir Schwierigkeiten, aber ich schaffe es mit enormer Willenskraft. Im Laden stehe ich wie angewurzelt. Steif wie eine Puppe aus dem Wachsfigurenkabinett verharre ich auf der Stelle. Freezing heißt dieses Symptom in der medizinischen Fachsprache. Nichts geht mehr. Ich hasse diesen Zustand der totalen Hilflosigkeit. Ein Gefühl der Angst beschleicht mich. Wie soll es nun weitergehen? Mein Körper hat es erneut geschafft, mir vor Augen zu führen, dass ich völlig abhängig von seinen Launen bin. Wenn er es nicht will, kann ich nichts, rein gar nichts. Innerlich wehre ich mich gegen diese Hilflosigkeit. Ich will sie nicht. Sie soll nicht Besitz von mir ergreifen. Ich will mich nicht unterkriegen lassen. Irgendwie – nur wie ? – muss ich jetzt Platz schaffen, den anderen Kunden den Weg frei machen. Statt beweglicher zu

werden, stehe ich da wie eine Salzsäule. Der innere Druck, funktionieren zu müssen, verstärkt die Symptomatik. Ich hätte das wissen müssen. Vor lauter Stress zittern nun auch noch die Hände wie verrückt. Wie ich das hasse!
Einige Kunden im Geschäft schauen mich verständnislos an. Wahrscheinlich halten sie mich für einen Alkoholiker, der unter Entzugserscheinungen leidet. Das sollte mich nicht stören, ich weiß ja besser, warum ich zittere, aber es ärgert mich trotzdem. Ein paar andere Kunden eilen an mir vorüber, genervt darüber, dass ich nicht einen Schritt zur Seite gehe, um sie vorbei zu lassen. Wie sollen sie auch verstehen, was mit mir los ist? Die Situation ist fatal. Ich möchte, kann aber nicht, und je ungeduldiger ich mit mir selbst werde, desto weniger kann ich etwas ausrichten.
Zum Glück ist Hannah bei mir und bemüht sich um mich, weiß aber im Moment auch nicht, wie sie mich zum Laufen bewegen soll. Eine Verkäuferin schaut mitleidig zu uns herüber und schreitet entschlossen zur Tat. Sie holt einen Stuhl, auf den ich gesetzt werde, ich: mein eigener Fremdkörper!
Ich lese die Gedanken der Verkäuferin: Wie schrecklich! Diese arme Frau, so jung und schon so krank. Könnte Multiple Sklerose sein, aber warum zittert sie so? Oder hat sie vielleicht ein Anfall-Leiden? Wirklich schlimm, so ein Leiden in so jungen Jahren.
Fehlanzeige! Ich habe weder die eine noch die andere Krankheit. Ich bin nicht an Multipler Sklerose erkrankt und auch nicht an Epilepsie oder einem sonstigen Anfall-Leiden. Ich habe Morbus Parkinson, eine Krankheit, die nur die wenigsten kennen. Wie dem auch sei, ich gebe offenbar in der Öffentlichkeit ein erbärmliches Bild ab. Gerade mal in der Mitte des Lebens angelangt, scheine ich auszusehen wie eine hilfsbedürftige, tatterige Greisin. Die mitleidigen Blicke einiger Kunden führen mir meine Erbärmlichkeit brutal vor Augen. Ich fühle mich erbarmungslos auf den nackten Boden der Realität geworfen. Ja, das bin ich: eine erbarmungswürdig-erbärmliche Erscheinung, völlig angewiesen auf fremde Hilfe. Die Realität schmerzt, sie zerreißt mir fast das Herz. Ich leide mehr unter dieser Erkenntnis als unter den Symptomen meiner Krankheit.
Wie wird es mit mir weitergehen? Wie lange dauert es noch, bis ich ein Pflegefall sein werde? Fünf Jahre, zehn Jahre, zwanzig Jahre? Vielleicht mehr? Werde ich überhaupt ein Pflegefall? Alles in mir bäumt sich auf gegen diese Vorstellung. Nein, ich will kein Pflegefall werden! Aber wer kann sich das schon aussuchen. Es bleibt dir nichts, als das anzunehmen, was auf dich zukommt und das Beste daraus zu machen. Wenn das nur so leicht wäre!
Ich kann von Glück reden, dass das freezing nicht auf der Straßenkreuzung einge-

treten ist wie noch vor einer Woche. Ich denke mit Entsetzen an dieses Erlebnis zurück. Ein Horror-Erlebnis! Man stelle sich vor: Du stehst mitten auf der Straßenkreuzung, bist plötzlich wie gelähmt und kannst weder einen Schritt vor noch zurücksetzen. Die ungeduldigen Autofahrer liefern mir ein Hupkonzert. Aber es nutzt nichts, du bleibst – wie irre – stocksteif stehen und bringst außer Zittern nichts hervor. Ein Fall für die Klapsmühle! Du überlegst, was du tun kannst. Vielleicht solltest du bei der nächsten Grünphase im Vierfüßler-Stand über den Asphalt zum Bürgersteig krabbeln? Das könnte klappen. Zum Glück wurde es nicht nötig, denn eine junge Frau kam auf mich zu, bot mir ihre Hilfe an und führte mich bei der nächsten Grünphase sicher zum Gehsteig. Mir war zum Heulen zumute: vor Dankbarkeit, aber auch weil ich mich hundselend fühlte.

Gerade geht es mir nicht viel besser als damals auf der Straße. Ich fühle mich hundselend.

Ich deute Hannah an, dass ich eine Tablette brauche, um den Dopamin-Spiegel zu erhöhen. Sozusagen eine kleine Zwischenmahlzeit, die ich nur einlege, wenn nichts mehr geht, ein Ausnahmezustand. Es soll nicht zur Gewohnheit werden, dass ich die Tagesdosis erhöhe.

Hannah kramt in meiner Jackentasche herum und findet den Juwel, der meine vorläufige Rettung bedeutet. Ich löse die Tablette im Mund mit meinem Speichel auf und schlucke das Gemisch herunter. So ähnlich könnte Kreide schmecken, nicht süß, nicht sauer, nicht bitter, denke ich. Es dauert nicht lange, bis ich spüre, dass meine Gesichtsmuskulatur sich entspannt. Das Maskenhafte entschwindet. Das Leben scheint in den Körper zurückzukehren. Die Füße werden zwar wieder beweglich, aber jetzt bin ich mit den Nerven am Ende. Die Attacke hat so sehr an meiner Kraft gezehrt, dass ich nur noch nach Hause möchte, so schnell wie möglich nach Hause in die Sicherheit und Geborgenheit der mir vertrauten Umgebung. Meine Beweglichkeit lässt außerdem zu wünschen übrig. Wenn der Körper nicht will, setzt er das Dopamin nicht frei. So einfach ist das.

Hannah begleitet mich zum Auto zurück, im Zeitlupentempo, versteht sich.

Dass mir mein eigener Körper nicht mehr zu gehören scheint, mir nicht mehr gehorcht, bereitet mir die größten Schwierigkeiten. Ich empfinde meinen Körper als einen Fremdkörper.

19. Mein Körper ist mein Fremdkörper

Von außen betrachtet bildet er mit meinem Geist und mit meiner Seele eine Einheit, ein untrennbares Ganzes. Aber dieser Eindruck täuscht. Mein Körper gehört zu mir, aber wir gehen verschiedene Wege.
Er macht mit mir, was er will. Er lässt mich im Stich, wenn ich ihn brauche. Ich kann mich nicht mehr auf ihn verlassen. Ich habe kein Zutrauen mehr zu ihm. Manchmal stehe ich ihm gegenüber und frage mich, was ich eigentlich noch mit ihm zu tun habe, wenn er mich behandelt, als existiere ich gar nicht. Er ist mir fremd geworden. Mein Körper – mein Fremdkörper.
Das war nicht immer so. Es gab Zeiten, da verrichteten wir alles Hand in Hand. Wir lebten in stiller Übereinkunft. Mein Körper war zur Stelle, wenn ich ihn brauchte. Es bedurfte keiner speziellen Aufforderung, bestimmte Vorhaben in die Tat umzusetzen. Es bestand gegenseitiges Einvernehmen. Wir waren gute Freunde. Ein Herz und eine Seele. Unzertrennlich. Mein Körper und ich arbeiteten einander zu. Mein Körper erwies mir seine Dienste, wann immer ich sie brauchte.

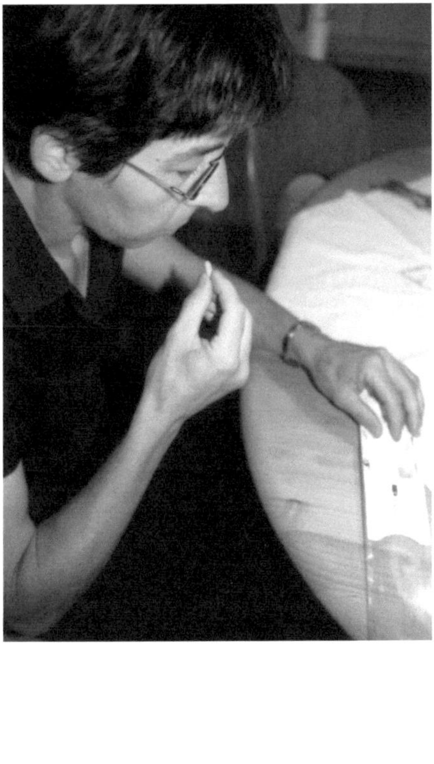

Dann kam eine Zeit, da begann er zu streiken. Er verließ mich immer öfter, ließ mich irgendwo liegen, sitzen, stehen, gleich wie es ihm gefiel. Er begann ein übles Spiel mit mir zu spielen, und er spielt es immer noch.
Er spielt sich auf, zeigt mir seine Macht, behandelt mich von oben herab. Er zeigt mir, dass ich ihm ausgeliefert bin. Ich wehre mich gegen diese Macht, verhandle mit ihm. Er fordert Tabletten. Ich gewähre sie ihm. Sie bewirken ein paar Stunden Streikunterbrechung oder Streikaufschub. Aber er ist nur kurze Zeit zufrieden. Dann reicht es ihm wieder nicht. Er legt immer mehr lahm. Nichts läuft mehr richtig. Er fordert mehr Tabletten und droht mit Generalstreik.

Ich versuche, meinen Fremdkörper auszutricksen. Ich umgehe die Tablettengabe und setze ein paar Hilfen ein, die ihn unbemerkt zum Laufen bringen könnten. Aber er kommt schnell hinter den Betrug und bestraft mich mit völliger Aufkündigung seiner Freundschaftsdienste. Er legt mich lahm. Ich bin steif wie ein Brett, so steif, dass ich mich nicht mehr wehren kann.
Er fordert unnachgiebig mehr Tabletten. Den Streik setzt er nur aus, wenn ich die Dosis erhöhe.
Aber auch das ist nur von kurzer Dauer. Dann verlangt er wieder mehr Tabletten, quält mich nun mit schmerzhaften Krämpfen als Folge der Steifheit. Er hat mich in der Hand. Er erpresst mich.
Haben wir uns einst gemeinsam und einvernehmlich bewegt, ist das Leben nun zu einem Kampf zwischen zwei rivalisierenden Parteien geworden: mein Fremdkörper und ich, der unvollständige Rest des Ganzen.
Ich weiß nicht, warum sich mein Körper so klammheimlich davongeschlichen hat, warum er diesen Weg von mir weg beschritten hat. Die Antwort ist er mir bis heute schuldig geblieben.
Äußerlich bilden wir eine Einheit, aber genau besehen, haben wir uns auseinander gelebt. Wir sind uns fremd geworden.
Mein Körper ist mein Fremdkörper.
Ich konnte ihn über viele Jahre nicht mehr steuern bzw. beherrschen.
Von diesem Erleben, den Körper als Fremdkörper zu spüren, sprechen die beiden folgenden Gedichte:

Mein Körper – ein Fremdkörper

Gefangen
in meinem Körper
der mir nicht mehr gehorcht
der sich abgespalten hat
von mir
Mein Körper –
ein Fremdkörper

Gestohlenes Zutrauen

Die diebische Elster
hat mein Zutrauen gestohlen
das ich auf der Sänfte trug
weil es mir heilig war
Es schillerte im Sonnenlicht
Nun ist die Sänfte leer
Ich habe kein Zutrauen mehr
Mein Körper, mir fremd geworden
schlich sich davon am Morgen

Dass ich meinen Körper wie etwas Fremdes erlebte, das sich von meinem Geist und meiner Psyche abgespalten hatte, konnte Bernd nur schlecht nachempfinden. Wie mochte dieses Gefühl wohl sein, wenn sich die Drei-Einheit von Psyche, Geist und Physis auflöste und jede dieser drei Größen ihren eigenen Weg ging?

20. Versöhnliches

Ich hegte die Absicht, meine selbst verfassten Texte zu veröffentlichen. Bei der Suche nach einem Verlag bot sich eine befreundete Therapeutin an, mir zu helfen. Leider eine Suche ohne Erfolg. Aber ich erinnerte mich, dass ich von dieser Ärztin und Psychotherapeutin einen neuen Denkimpuls bekommen hatte, nachdem ich ihr davon erzählt hatte, dass ich meinen Körper als Fremdkörper erlebe und oft eine ungeheure innere Wut auf ihn habe. Die Bekannte fragte mich damals, ob ich sicher sei, dass mein Körper mich verlassen wolle, dass er zielbewusst seine Dienste aufkündige? Sie meinte, dass ich meinen Körper zwar als Fremdkörper erlebe, der sich heimlich davongeschlichen habe, aber gab zu bedenken, ob ihm vielleicht nur die Kraft fehle? Vielleicht bedürfe er ja der Hilfe, weil er krank sei. Sie fragte mich, ob es denn nichts Versöhnliches zwischen mir und meinem Körper gebe? Diese Frage löste eine neue Auseinandersetzung in mir aus. Der Gedanke, dass mein Körper gar nichts Böses wollte und er selber Hilfe brauchte, bewegte mich sehr.
Bis zu jenem Gespräch hatte ich meinen nicht immer funktionierenden Körper als

den gesehen, der mir nicht mehr gehorchen wollte, den ich austricksen musste, indem ich Möglichkeiten fand, ihn zum Laufen zu bringen, wenn es wieder mal nicht klappen wollte. Ich beklebte Bierdeckel mit schwarzer Folie, die ich in Abständen einer Schrittlänge vor meine Füße warf. Die schwarzen Punkte hoben sich vom hellen Holzfußboden ab und gaben mir einen optischen Impuls, der das Laufen erleichterte. Auch Hindernisse, über die ich steigen musste, konnten die körperliche Fortbewegung in Gang setzen. Bewusst große Schritte machen, das Rückwärtsgehen und akustische Signale, zum Beispiel lautes Zählen, hatten die gleiche Wirkung. Ich fragte mich nun, ob ich mit diesem Vorgehen wirklich meinen Körper überlistete? Oder war es möglicherweise eine Hilfestellung, die ich ihm gewährte? Vielleicht hatte sich mein Körper gar nicht willentlich davongeschlichen? Vielleicht wollte er gar nicht eigene Wege gehen? Vielleicht blieb ihm gar keine andere Wahl. Vielleicht wollte er mir zu Diensten stehen, wurde aber daran gehindert.
Klar war nur, dass eine Gehirnfunktionsstörung vorlag, dass die Dopamin-Produktion im Gehirn unzureichend ist.
Möglicherweise unterlag ich einer falschen Wahrnehmung. War mein Körper nicht nach wie vor Teil meiner Person, auch wenn er nicht funktionierte wie vormals? Fremd war er mir geworden, weil er in seiner Funktionstüchtigkeit Einbußen zeigte. Aber war das ein Grund, ihm den Kampf anzusagen, ihn austricksen und überlisten zu wollen? Sollte ich ihn nicht lieber mit all seinen Mängeln akzeptieren als meinen Körper, der zu mir gehörte, der mir nichts Böses wollte, sondern auch nur »Opfer einer höheren Gewalt« war, der einen Mangel an dopaminergen Zellen aufwies? Die befreundete Therapeutin fragte mich damals, ob ich schon einmal darüber nachgedacht hätte, dass das, was einem fremd ist, auch immer fremd bleiben müsse? Dass es eine Herausforderung sein könne, Fremdes kennen zu lernen, um es besser verstehen zu können?
Mir wurde klar, dass ich mich auf meinen Körper einlassen musste, so wie er war. Es half nicht, ihn zu bekämpfen. Es ging darum, ihn zu verstehen, ihn anzunehmen, mit ihm eine Einheit zu bilden. Das bedeutete nicht, dass ich mich nicht auch über ihn ärgern durfte, dass ich nicht meine Wut und Verzweiflung zum Ausdruck bringen durfte, wenn vieles nicht nach Wunsch verlief. Aber meinen inneren Frieden konnte ich nur bewahren, wenn Körper, Geist und Seele eine Drei-Einheit bildeten, sprich: wenn sich mein Geist, meine Seele und mein Körper in Einklang befanden. Das musste ich mir immer wieder aufs Neue bewusst machen.

21. Meine Familie ist Gold wert

»Ihr seid alle Gold wert«, lobte ich meine Familie immer wieder. Das wurde mir noch einmal besonders klar, als ich vor der THS so schrecklich gelitten hatte, dass nicht viel gefehlt hätte und ich hätte allen Lebensmut und Lebenswillen verloren. Und auch für kurze Zeit nach der Operation, als ich psychisch labil war.
»Wie ginge es mir ohne euch?«, fragte ich sie und mich oft. »Mit meiner Krankheit mute ich euch einiges zu. Mein Schicksal ist zugleich auch eures«, tat ich mein Bedauern kund. Bernd antwortete mir, dass es selbstverständlich sei, dass meine Familie für mich da ist. Umgekehrt wäre es genauso. Ich würde mich auch um jeden kümmern, wenn es ihm schlecht ginge.
Dennoch bereitete es mir Kummer, dass die Einschränkungen, die mir Sir James gebot, nicht minder meine Familie trafen. Wie lange währte die Zeit, in der ich nicht mehr spontan und unbeschwert etwas unternehmen konnte? Sir James mischte sich damals massiv in unseren Tagesablauf ein. Wie lange konnten wir keine Spaziergänge, Stadtbummel und Reisen machen? Über ein Jahrzehnt wurden wir von seinen Launen bestimmt. Er hatte unsere Pläne durchkreuzt, wie und wann immer er wollte.
Selbst Banalstes, zum Beispiel die Essenszeiten, musste ich wegen der Tabletteneinnahme nach ihm ausrichten. Restaurants konnten wir immer seltener besuchen, weil es mir zu viel Stress bereitete, durch die engen Wege zwischen den Tischen hindurch zu gehen, und weil mir sogar oftmals das Kauen der Speisen wegen der Steifheit der Gesichtsmuskulatur schwer fiel und mir die Freude am Essen nahm. Stressig waren außerdem die Überbewegungen, durch die sich vielleicht eine Reihe von Gästen gestört fühlte. Die Parkinsonsche Krankheit war zu einem Hauptbestandteil unseres Familienlebens geworden.
Bernd und die Kinder hatten oft das Gefühl, mir nicht wirklich helfen zu können, eigentlich nichts tun zu können. Aber für mich war die Familie ein Segen und unersetzlich, und das gilt heute immer noch. Dass immer jemand da ist, wenn es mir schlecht geht, oder immer jemand ein gutes Wort für mich hat, ist für mich eine unendlich bedeutsame Zuwendung, ein unermesslich wichtiger Zuspruch.
Ich bin glücklich darüber, dass Bernd mich dabei unterstützt hat, mein anfänglich gezeigtes Rückzugverhalten zu überwinden und mich und die gesamte Familie damit vor sozialer Isolation bewahrt hat.
Auch meine Schwester und viele gute Freunde und Verwandte stehen jederzeit, wenn sie gebraucht werden, zur Hilfe bereit.

Meine Schwester würde ihr letztes Hemd geben, wenn sie jemandem damit helfen könnte. Sie ist eine Frau, die anpacken kann und keine Angst hat, sich die Finger zu beschmutzen, sie scheut keine Arbeit und versteht es, mich immer aufzumuntern und zu ermutigen. Sie bringt es fertig, Licht in die Dunkelheit meiner Ängste und Sorgen zu bringen und mich sogar aufzuheitern, wenn ich niedergeschlagen bin: »In einem guten Wort ist Wärme für drei Winter«, sagte sie einmal, und ich spüre täglich, wie viel Wahrheit in diesem weisen Spruch steckt.

Ich bin froh, dass ich diese Familie habe, auf die Verlass ist. In einem kleinen Vers hielt ich dieses Glück fest:

Einklang

Mit dir lachen
mit dir weinen
stets bei dir sein
und du bei mir
dich lieben
mit dir leben
einfach Liebe sein

Inzwischen hatte sich mein Leben vollkommen geändert. Eine unfassbare Kehrtwende gemacht! Ich kann es oftmals nicht glauben, was geschehen ist. Manchmal scheint es mir, als habe ich einen schönen Traum gehabt. Sir James durchkreuzt mein Leben allenfalls, wenn es sehr aufregende oder psychisch belastende Situationen gibt. Dann meldet er sich noch mal zu Wort, aber ich weiß, dass es bei einer vorübergehenden Stippvisite bleiben wird. James poltert nicht mehr laut, er zeigt keine Gemeinheiten mehr, sondern verhält sich relativ still und brav. Manchmal bereiten mir Wetterumschwünge noch Probleme, insofern als dann gelegentlich Gehstörungen auftreten können. Aber all diese Symptome sind nur ein Klacks gegenüber den einstigen Einschränkungen, die meine Familie, allen voran ich selber, vor der Operation hinnehmen musste.

22. Mit einem Freund an der Seite ist kein Weg zu lang

Ich habe im Laufe der Jahre viele an Parkinson erkrankte Freunde gewonnnen. Das Schöne an diesem Freundeskreis ist, dass jeder als selbst Betroffener weiß, wovon er spricht, wenn es um Parkinson geht. Gegenseitig informieren wir uns über Erfahrungen, die wir mit Behandlungsmethoden, Medikation, Kliniken gemacht haben, geben uns wertvolle Tipps zum Umgang mit der Krankheit, spenden uns gegenseitig Trost bei persönlichen Stimmungstiefs, sind füreinander da, wenn uns Nöte und Sorgen drücken und freuen uns miteinander, wenn es uns gut geht. Wir tauschen uns über gesellschaftliche, politische, philosophische und theologische Themen aus, diskutieren auf unserer Internet-Plattform im Forum und im Chat-Raum über alle möglichen aktuellen Fragestellungen und unterhalten uns über »Gott und die Welt«. Bei den jährlich stattfindenden Chatter-Treffen haben wir Gelegenheit, uns persönlich kennen zu lernen, und pflegen unsere Freundschaften auch durch private Besuche zu Hause und gemeinsame Unternehmungen.

Jeder bringt sich mit all seinen Fähigkeiten und Qualitäten persönlich ein. Die Teilnehmer von »parkins-on-line« bereichern sich gegenseitig und sind aus meinem Freundeskreis gar nicht mehr wegzudenken.

»Du kannst mich auch nachts anrufen, wenn es dir schlecht geht«, höre ich Clemens sagen. »Ich bin immer für dich da«.

»Ich hole dich ab, wenn du selber nicht Auto fahren kannst«, verspricht Birte. »Ich schicke dir die Unterlagen, wenn du sie brauchen kannst«, sichert mir Benjamin zu. »Ich backe dir einen Kuchen für deine Feier«, meint Lotte. »Ich komme dich im Krankenhaus besuchen«, sagt Miriam. »Ich rufe dich an«, kündigt Elke an.

All diese Gefälligkeiten sind nicht an erwartete Gegenleistungen gebunden, sondern kommen von Herzen. Das Leid des anderen ist auch mein Leid, so wie die Freude des anderen auch meine Freude ist. Ein jeder darf sich angenommen fühlen, so wie er ist. Keiner braucht sich zu verstellen.

»Bei uns kannst du zittern, was das Zeug hält. Du kannst stolpern, das Bein nachziehen, hampeln, schlabbern. Keiner wird dich dumm anschauen. Du darfst traurig sein und weinen, ohne schief angesehen zu werden. Du kannst ganz Du selber sein. Wir sind eine Gemeinschaft, die offen ist für alle, die diese Gemeinschaft suchen.«

Ich bin gern ein Teil dieser Clique, mit deren Lebensweise und -bewältigung ich mich gerne identifiziere, einer Gruppe, aus der ich Kraft schöpfen kann, um diese Kraft wieder mit anderen zu teilen und an andere weiterzugeben.

Ich überlegte, wie ich überhaupt den Weg in die Selbsthilfegruppe gefunden hatte.

23. Willkommen im Club der ›Parkis‹ – die U40-Gruppe

Einige Zeit, nachdem ich die Diagnose Parkinson erhalten hatte, wurde in mir der Wunsch wach, mich einer Selbsthilfegruppe anzuschließen.
Von meiner Familie wurde diese Absicht unterschiedlich aufgenommen. Bernd, Nicola und Lena hatten volles Verständnis für mein Bedürfnis, sich mit Gleich-Betroffenen auszutauschen.
Hannah hingegen intervenierte mit massivem Protest: »Was soll denn der Unsinn? Eine Selbsthilfegruppe hast du doch nicht nötig. Du hast ja schließlich uns. Wofür also eine Selbsthilfegruppe? Sind wir nicht gut genug, dir zu helfen?«.
»Darum geht es doch nicht«, rechtfertigte ich mich. »Diejenigen, die selber von Parkinson betroffen sind, können mir vielleicht wertvolle Tipps für den Umgang mit dieser Krankheit geben. Möglicherweise kann ich von ihren Erfahrungen profitieren. Vielleicht kennen sie gute Ärzte und Kliniken oder können mir Ratschläge zur Medikation geben.«
»Ich glaube eher, dass in Selbsthilfegruppen immer wieder nur das leidige Thema der eigenen Krankheit im Mittelpunkt der Treffen steht. Außerdem kommen dort lauter Kranke zusammen. Jeder sieht nur das Elend des anderen. Das kann sich nur negativ auf dein Befinden auswirken. Ich halte nichts von solchen Selbsthilfegruppen«, konterte Hannah und wandte sich missgelaunt ab.
»Du siehst das zu einseitig, Hannah. Ich glaube nicht, dass Kranke sich in Selbsthilfegruppen zusammenschlössen, wenn es ihrem Wohlbefinden schaden würde«, wandte ich ein.
Hannah schien unversöhnlich, wenn nicht gekränkt: »Ich finde, dass du von uns allen Verständnis für deine Situation entgegengebracht bekommst und jede Hilfe erwarten darfst. Du kannst auch ohne Selbsthilfegruppe Informationen über die Krankheit, über Kliniken und Behandlungsmethoden einholen.«
»Aber ihr seid nicht an Parkinson erkrankt. Ihr wisst nicht, was in mir vorgeht, und werdet es auch nie nachempfinden können. Richtig verstehen kann mich nur der, der selber von dieser Krankheit betroffen ist«, argumentierte ich.
Hannah war beleidigt.
»Heißt das etwa, dass du mit uns nicht offen über deine Probleme reden kannst?«
Nicola ereiferte sich: »Ihr redet aneinander vorbei. Merkt ihr das nicht? Mama erhofft sich von einer Selbsthilfegruppe Informationen und Erfahrungswerte, die wir nicht geben können. Daran kann ich nichts Schlechtes entdecken. Und dass jemand, der diese Krankheit aus eigenem Erleben kennt, einen anderen Zugang

dazu hat, lässt sich auch nicht abstreiten. Das bedeutet noch lange nicht, dass Mama unsere Hilfe nicht annehmen will.«

»Was meinst du denn dazu?«, fragte ich Bernd.

»Eine Selbsthilfegruppe ist sicherlich hilfreich. Beurteilen kannst du das allerdings erst, wenn du Erfahrungen in einer solchen Gruppe gesammelt hast.«

Hannah wirkte unzufrieden: »Ich kann mir nicht vorstellen, dass du von Fremden mehr Verständnis erwarten kannst als von deiner eigenen Familie.«

Ich beschloss, Erkundigungen über eine Selbsthilfegruppe für Parkinsonkranke einzuholen. In der Tageszeitung wurde ich fündig. Von einer Beratungsstelle für Selbsthilfegruppen erhielt ich die Telefonnummer einer Parkinson-Regionalgruppe in nächster Nähe und nahm Kontakt mit dem Leiter dieser Gruppe auf. Leider erfuhr ich, dass die regelmäßigen Treffen zu einer Zeit stattfanden, in der ich noch Unterricht hatte, und dass die Teilnehmer der Gruppe durchweg älter als 70 Jahre sind.

Einige Zeit später entdeckte ich zufällig einen kurzen Artikel über eine Parkinson-Wohngruppe in der Tageszeitung. Diese Wohngruppe lud zur Feier ihres zweijährigen Bestehens ein und bot neben einigen künstlerischen Darbietungen und Fachvorträgen auch die Gelegenheit zu persönlichen Gesprächen an.

Das kommt wie gerufen, dachte ich und hielt mir den Nachmittag für einen Besuch in diesem Wohnprojekt frei.

Die Feier beeindruckte mich sehr. Die Bewohner der Parkinsongruppe hatten ein buntes Programm auf die Beine gestellt.

Ich bewunderte den Mut, den diese Menschen trotz ihrer Behinderungen aufbrachten, in der Öffentlichkeit aufzutreten.

Ein Mann, schätzungsweise 36 bis 38 Jahre alt, zitterte wie verrückt und musste deshalb sein Klarinetten-Spiel unterbrechen. Er kommentierte wie selbstverständlich seine Unpässlichkeit: »Das ist wohl die Aufregung. Ich werde es später noch einmal versuchen«. Die Sympathie der Zuhörer war ihm sicher. Kräftiges Beifallklatschen erschallte.

Andere führten einen Sketch auf, in dem sie die Verlangsamung ihrer Bewegungsabläufe persiflierten. Die Zuschauer hatten Lach-Tränen in den Augen. Wieder lang anhaltender Applaus für die Darsteller.

Eine große Frau, brünettes Haar, etwa Mitte 40, trug Gedichte in der, wie sie sagte, »einzigen einem ›Parki‹ angemessenen Reimart, dem Schüttelreim«, vor. Das Publikum krümmte sich vor Lachen.

Am Ende der Veranstaltung fragte ich einen Bewohner der Parkinsongruppe nach einer Selbsthilfegruppe für jüngere Parkinsonkranke.

»Das trifft sich aber gut. Ludger sitzt dort hinten, er leitet unsere U40-Gruppe.«
»U40? Was bedeutet das?«, erkundigte ich mich.
»Das ist eine Gruppe von Parkinson-Kranken, die schon vor ihrem 40. Lebensjahr von dieser Krankheit betroffen waren«, antwortete der Befragte.
Sogleich wurde ich mit dem Leiter der U40-Gruppe bekannt gemacht. Er lud mich zum nächsten Treffen ein.
Meine erste Begegnung mit dieser Gruppe löste unterschiedliche Gefühle in mir aus. Zum einen war ich fasziniert davon, wie offen diese Betroffenen mit ihrer Krankheit umgingen. Sie schafften es sogar, sich selbst mit all ihren unterschiedlichen Krankheitssymptomen aufs Korn zu nehmen, Witze über ihr Zittern, ihre Steifheit oder ihre Überbewegungen zu machen. Wieder bewunderte ich die Kraft und den Mut dieser Menschen. Zum anderen verstummte ich angesichts der vielfältigen Krankheitssymptome, von denen ich bisher nichts wusste: Die extreme Steifigkeit oder die überschlagenden Bewegungen.
Würde die Krankheit bei mir etwa auch so verlaufen, wollte ich wissen. Werde ich auch eine so extreme Steifheit der Glieder erleben oder hampeln wie ein Spastiker, der keine Kontrolle über seine Gliedmaßen hatte? Mir schauderte vor dieser Vision.
Meist ging ich von diesen Treffen seelisch gestärkt und ermutigt nach Hause.
Meine neuen Freunde hatten jeweils ihren eigenen Parkinson und konnten auf langjährige Erfahrungen zurückgreifen. Wie sonst keiner konnten sie sich in mich hineinversetzen und meine Gefühle nachempfinden. Ich war glücklich, so viele neue wertvolle Freunde und Freundinnen gewonnen zu haben.
Leider löste sich diese Selbsthilfegruppe einige Jahre später auf; aber ein Großteil der »Mitglieder« fand eine neue Heimat in der Internet-Selbsthilfe-Gruppe »parkins-on-line« (PAoL).
Aber auch mit den wertvollen Erfahrungen der Gruppe war es ein weiter Weg, bis zu dem Punkt, an dem ich sagen konnte: »Ich habe die Krankheit angenommen. Sie gehört zu mir wie mein Arm oder mein Bein.«
Ob ich es je schaffen würde, sagen zu können, »Du, Sir James, bist ein Teil von mir, wir sind symbiotisch miteinander verbunden: James nicht ohne mich, ich nicht ohne James«? Ich würde wohl nie Sir James als einen Partner akzeptieren, mit dessen ständiger Anwesenheit ich zufrieden wäre. Ich würde ihn niemals einen Freund nennen, allenfalls einen Vertrauten, in einem eher negativen Sinn, den ich duldete, weil ich ihn nicht loswerden konnte. Vertraut war Sir James mir nur deshalb, weil ich nun schon so viele Jahre von ihm begleitet wurde, wenn auch unfreiwillig. Es gelang mir nicht, ihn abzuschütteln.

Mit der THS sollte sich das allerdings ändern. Zwar war Sir James nach der gelungenen THS nicht aus meinem Leben ausradiert, wohl aber war er erträglich für mich geworden. Er hatte, wie ich zu sagen pflegte »ein freundlicheres Gesicht« bekommen. So wie er sich jetzt darbot, konnte man es mit ihm gut aushalten. Meine Freunde, besonders die Parkinson-Kranken, bewunderten meinen Mut, die Operation über mich ergehen zu lassen und noch mehr die sichtbaren Erfolge der THS. Allerdings verläuft die Operation nicht unbedingt bei jedem so positiv wie bei mir. Ich kenne inzwischen auch junge Parkinson-Kranke, die leider nicht die erhofften Ergebnisse nach erfolgter THS erfahren haben. In einem Fall gab es nach dem Eingriff Sprechprobleme, in einem anderen Fall hatte die Patientin vorübergehend heftige psychische Probleme, in einem dritten Fall konnte die Patientin nach der Operation schlechter laufen als vorher.

Bei einem Freund, der sich ein Jahr nach mir hatte operieren lassen, traten nach einiger Zeit an den Implantationsstellen am Kopf eitrige Entzündungen auf, die sich nach einer zunächst erfolgreichen ärztlichen Behandlung dennoch mehrmals wiederholten und erneuter Behandlung bedurften. Später erzählte mir ein Neurologe von einem Fall, bei dem wegen Unverträglichkeit der Implantate die Operation wieder rückgängig gemacht, das heißt das gesamte System der Neurostimulation entfernt werden musste. Der Patient zeigte Abstoßungsreaktionen gegenüber den Implantaten, die der Körper offenbar als Fremdkörper erkannte, die er nicht akzeptieren wollte und deshalb abwehrte.

Aber ich kenne mehr Beispiele, bei denen die Operation gelungen ist als solche, die eher negativ verlaufen sind, solche, bei denen die THS ähnlich erfolgreich war wie bei mir und von denen jeder den Eingriff sofort wiederholen würde, wenn es erforderlich wäre, denn keiner dieser Patienten wollte den Zustand, dem er vor der THS ausgesetzt war, noch einmal erleben.

Die Risiken, die die THS (während des Eingriffs: etwa Gefäßverletzungen im Gehirn mit Folge einer Blutung oder gar Todesfolge / nach der THS: Persönlichkeitsveränderungen, Verlust oder Beeinträchtigung der Sprache, psychische Probleme, Abstoßung der implantierten Fremdkörper, z.B. des Generators oder der Elektroden, Entzündungen der Wunden, etc.) in sich birgt, muss ich erst zu tragen bereit sein. Ob sich ein Patient für oder gegen die THS entscheidet, liegt letztlich ausschließlich in seinem Ermessen. Diese Entscheidung kann ihm niemand abnehmen, er muss sie mit allen damit verbundenen Risiken allein treffen und gegebenenfalls auch einen Misserfolg der Operation hinnehmen, denn die Folgen einer misslungenen Operation trägt er allein, weil sein Körper den möglichen ärztlichen oder medizinischen Fehler ausbaden muss. Eine gute Freundin sagte mir einmal: »Die schwersten Wege geht man immer allein«, und das stimmt. Zwar können wir uns in schwierigen Situationen mit unseren besten Vertrauten beraten, sie können uns begleiten, uns beistehen und für uns da sein und tragen damit wesentlich zu unserem Wohlergehen bei, aber sie können uns weder unser Leiden abnehmen noch Entscheidungen für uns treffen. Die schwersten Wege gehen wir tatsächlich allein.

Ich hatte mich für die THS entschieden und glücklicherweise die richtige Entscheidung für mich gefällt, denn ich war wieder beweglich geworden und konnte mich von den inzwischen überflüssig gewordenen Hilfsmitteln trennen. Ich ließ den Hausnotruf abmontieren, den Rollator, der mir über all die Jahre gute Dienste geleistet hatte, von der Firma abholen, die ihn als Leihgabe zur Verfügung gestellt hatte und stellte meinen Gehstock in die Ecke. Den Rollstuhl, meinen treuen Begleiter über all die letzten Jahre, nutzte ich weiterhin als bequemes Sitzmöbel und behielt ihn für eventuelle Notsituationen. Heilfroh war ich darüber, dass zumindest vorläufig und hoffentlich noch lange dem leidigen Kampf mit der Krankenkasse ein Ende gesetzt war.

24. Der leidige Kampf mit der Krankenkasse

Bernd und ich hatten den Eindruck, dass ich der Krankenkasse ein Dorn im Auge war, weil ich mehr Geld kostete als ein Gesunder, und dies genau seitdem ich chronisch krank war. Immer wieder machte die Krankenversicherung Schwierigkeiten, gewährte bestimmte medizinisch-therapeutische, ärztlich verordnete Anwendungen nicht oder verweigerte die Zahlung, dies im Gegensatz zur Beihilfestelle.

Ein Beispiel ist die Reaktion der Versicherung auf eine Rechnung über eine physiotherapeutische Behandlung. Bei dieser ärztlich verordneten Krankengymnastik verweigerte die Krankenversicherung die Begleichung der Rechnung, da aus dem Briefkopf des Therapie-Instituts nicht eindeutig hervorging, dass die Behandlung durch einen staatlich geprüften Krankengymnasten ausgeführt wurde.

Das Therapiezentrum schickte der Krankenkasse auf meine Bitte hin den entsprechenden Nachweis, inklusive der Bestätigung über zahlreiche Fortbildungen der mich behandelnden Physiotherapeutin und teilte der Krankenkasse außerdem mit, dass das Therapiezentrum die Zulassungen für die unterschiedlichen Behandlungsmethoden und die Zulassungen zur Abrechnung von allen Kostenträgern innehabe. Die Krankenversicherung war mit diesen Bescheinigungen nicht zufrieden: »Die eingereichten Unterlagen entsprechen nicht den Leistungsvoraussetzungen gemäß unseres Schreibens vom ...« und weiter: »Bitte veranlassen Sie, dass uns noch folgende Unterlagen zukommen: der Ausbildungsnachweis/das Zertifikat der Krankengymnastin und die Zulassung zur Abrechnung mit den gesetzlichen Krankenversicherern.«

Ich glaubte nicht, was ich da las: Meine Krankenversicherung verlangte die »Zeugnisse der Therapeutin.« Ich war fassungslos. »Das ist Schikane«, sagte ich damals. Bernd stimmte mir zu.

Das Therapiezentrum verwies mich auf den Tatbestand, dass es aus Datenschutzgründen nicht gestattet sei, Unterlagen über Qualifikationen ihrer Mitarbeiter an die Versicherten auszuhändigen. Stattdessen reagierte es mit einem diplomatisch gekonnten Schachzug, indem es meine Krankenversicherung zu einem Besuch bzw. einer Besichtigung des Therapiezentrums einlud, um bei dieser Gelegenheit Einblick in die Qualifikationsnachweise seiner Mitarbeiterin zu gewähren.

Nach unzähligen Telefonaten und zermürbendem Schriftverkehr bekam ich nach Monaten die Zusage von meiner Krankenversicherung, dass ich für die Krankengymnastik die tariflich vereinbarten Leistungen erhalte. Bis zur Erstattung der Kosten, die ich aus eigener Tasche längstens termingemäß beglichen hatte, verging ein weiterer Monat, allerdings erfuhr ich mit der Leistungsabrechnung, dass die Aufwendungen für physikalische Therapie nur bis zu den Höchstbeträgen berücksichtigt werden konnten, die in einem Verzeichnis der erstattungsfähigen Heilmittel genannt seien. Ich zahlte also aus eigenen Mitteln zu.

Der Ärger mit der Krankenkasse nahm kein Ende. Der folgende Dialog klingt mir noch heute in den Ohren.

Mein Rollstuhl ist nicht mit Bremsen für die Begleitperson ausgestattet, sondern lässt sich nur mit Hilfe der an den Reifen angebrachten Außenringe per Hand durch den Behinderten abbremsen. Da ich den Rollstuhl zunehmend außer Haus benötigte und die Beweglichkeit meiner Hände in den off-Phasen so eingeschränkt ist, dass ich Probleme habe, diese Bremsvorrichtung zu betätigen, beantragte ich bei der Krankenkasse die Nachrüstung des Rollstuhls mit Handbremsen für die Begleitperson.

Ich erhielt einen Anruf eines Sachbearbeiters meiner Krankenversicherung.

»Guten Tag, spreche ich mit Frau Rechmann?«

»Ja, guten Tag.«
»Ich habe hier Ihren Antrag für eine Nachrüstung Ihres Rollstuhls vorliegen. Ihr Rollstuhl hat also keine Bremsen an den Schiebegriffen?«
»So ist es. Mein Rollstuhl hat keine Bremsen für den Begleiter.«
»Das gibt es nicht. Einen Rollstuhl ohne Bremsen gibt es nicht«, empörte sich mein Gesprächspartner.
»Doch, mein Rollstuhl hat keine Bremsvorrichtung an den Schiebegriffen. Bremsen kann nur der Rollstuhlfahrer selber, indem er die Außenringe der Reifen stoppt.«
»Das kann nicht sein. Es gibt keinen Rollstuhl ohne Bremsen für den Begleiter«, wiederholte der Herr am Ende der Leitung.
»Ich versichere Ihnen, dass diese Bremsvorrichtung an meinem Rollstuhl nicht vorhanden ist. Es gibt lediglich noch Feststeller an den Reifen.«
»Ja, das sind die Bremsen«, schallte es siegesgewiss durch den Hörer.
»Nein, das sind Feststeller, aber keine Bremsen.«
»Aber mit diesen Feststellern, wie Sie dazu sagen, können Sie auch bremsen.«
»Nein«, erwiderte ich, »damit kann man nicht bremsen, sondern den Rollstuhl nur feststellen. Sie können sich ja persönlich davon überzeugen oder sich beim Lieferanten des Rollstuhls erkundigen. Es ist das Sanitätshaus Meyer.«
»Gut, ich werde mich erkundigen. Aber wieso haben Sie den Rollstuhl vom Sanitätshaus Meyer?«
»Weil Sie mit diesem Sanitätshaus einen Liefervertrag hatten.«
»Ach so, gut, ich rufe dort an und melde mich wieder bei Ihnen.«
Ich war also nicht glaubwürdig genug.
Minuten später klingelte das Telefon.
»Wir haben eben miteinander gesprochen. Ich habe mich beim Sanitätshaus erkundigt. Ihr Rollstuhl hat in der Tat keine Bremsen an den Schiebegriffen, und die Feststeller sind auch nicht zum Bremsen da. Aber sagen Sie mir doch, wofür Sie Bremsen brauchen?«
»Zum Bremsen natürlich, auf abfälligen Straßen zum Beispiel.«
»Aber Sie wohnen doch nicht im Bergischen Land«, bekam ich zur Antwort.
Ich wollte schier verzweifeln: »Richtig, ich wohne nicht im Bergischen Land, aber auch hier gibt es Berge.«
»Ich sehe immer noch keine Notwendigkeit, wieso Sie Bremsen am Rollstuhl brauchen«, blieb mein Gesprächspartner hartnäckig.
Geduldig erklärte ich ihm die Gründe für den Antrag: »Es ist schwierig den Rollstuhl bergab zu schieben, ohne dass Bremsen für die Begleitperson vorhanden sind.

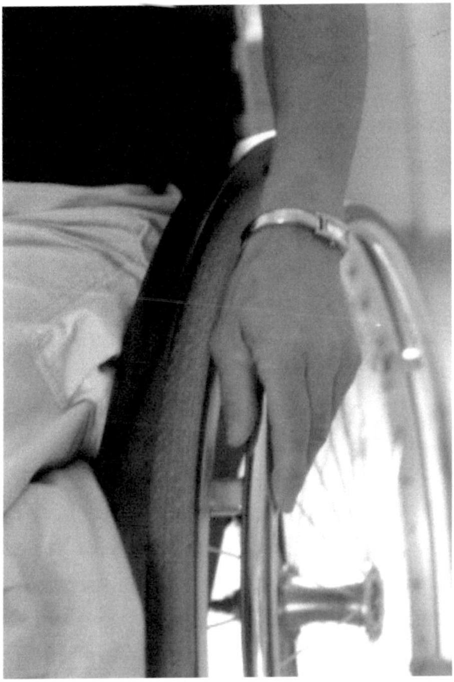

Zudem ist es auch nicht ungefährlich für den Rollstuhlfahrer. Ich selber habe wegen meiner Erkrankung oft nicht die notwendige Beweglichkeit in den Händen, um den Rollstuhl abzubremsen.«

»Ich entnehme meinen hier vorliegenden Unterlagen, dass Sie nicht mehr als 38 kg wiegen. Da dürfte es für den Begleiter doch kein Problem sein, den Rollstuhl auch auf abfälligen Straßen zu halten.«

Ich schluckte. Die Einwände meines Gesprächspartners fand ich mittlerweile unverschämt und indiskret: »Ich wiege nicht 38 kg. Scheinbar liegen Ihnen falsche Daten vor.«

»Ach ja, ich sehe, es sind 45 kg. Sie sind also ein Leichtgewicht. Ich kann aufgrund dieser Fakten keine medizinische Notwendigkeit für die Aufrüstung des Rollstuhls mit Bremsen entdecken. Aber ich werde sehen, was sich da machen lässt. Sie hören von uns.«

Einen Tag später lag ein Brief von der Krankenkasse im Postkasten. Er enthielt die Ablehnung des Antrages. »Die medizinische Notwendigkeit für die Umrüstung mit Trommelbremsen ist aus den uns vorliegenden Unterlagen nicht erkennbar.«

Der Wortlaut kam mir bekannt vor. Weiter hieß es in dem Schreiben: »Bitte verstehen Sie, dass daher Ihrem Leistungsantrag nicht entsprochen werden kann.«

Nicht minder heftig war die Reaktion der Krankenkasse auf eine nach der Tiefenhirnstimulation beantragte Rehabilitations-Maßnahme. Obwohl die behandelnden Ärzte mehrfach die dringende Notwendigkeit einer solchen Nachbehandlung schriftlich bescheinigten, lehnte meine Krankenkasse den Antrag ab. Der Termin der Entlassung aus dem Krankenhaus rückte näher. Die von den Ärzten empfohlene Rehabilitations-Maßnahme sollte dazu dienen, eine Feinjustierung der Elektroden vorzunehmen, aber der ablehnende Bescheid enthielt schlichtweg die Begründung, dass keine Notwendigkeit einer weiteren Feineinstellung erkennbar sei. Die Beratungsärzte der Krankenkasse, die mich niemals persönlich gesehen, geschweige denn behandelt hatten, maßten sich an, beurteilen zu können, ob für mich eine Rehabilitations-Maßnahme medizinisch indiziert sei. Hier stand also Aussage gegen Aussage.

Ich legte eine Beschwerde beim Ombudsmann der privaten Krankenkassen ein. Aber auch diese wurde 6 ½ Monate später mit den Begründungen abgelehnt, dass es sich in meinem Falle nicht um eine medizinisch notwendige Heilbehandlung handele. Da »der Ombudsmann ... selbst nicht über medizinischen Sachverstand« verfüge, hielt er dennoch »auch nichts davon, zur Klärung medizinischer Fragen einen externen medizinischen Gutachter heranzuziehen«. Weiter formuliert der Ombudsmann in seinem Schreiben: »Dessen Auffassung (gemeint ist die Auffassung eines externen Gutachters: Anm. der Autorin), die sich lediglich als Drittmeinung darstellen würde, müsste ich mir zu eigen machen, ohne für mich in Anspruch nehmen zu können, dass diese Meinung auf größeren Sachverstand beruhen würde, als er bei den behandelnden Ärzten oder den Beratungsärzten der Versicherungen zu unterstellen ist.« Der Brief endet mit dem Satz: »Ich bedauere, dass ich Ihnen nicht die von Ihnen gewünschte positive Nachricht übermitteln kann, bitte jedoch um Verständnis, dass ich mangels medizinischen Sachverstands keine Bewertung der medizinischen Notwendigkeit abgeben kann.«

In zahlreichen Telefonaten mit der Krankenkasse glaube ich herausgefunden zu haben, weshalb sich die Versicherung quer gestellt hatte. Zur Vorbereitung auf die THS war ich (wie geschildert) einem anderen Krankenhaus als dem, in dem die THS durchgeführt wurde und das gleiche gilt für die Zeit nach der THS. Ich wurde also nach erfolgter Operation ohne jedwede Einstellung des Stimulators wieder in die Klinik zurück gebracht, die mich zuvor behandelt hatte. Hier wurde dann die Erst- oder Grobeinstellung vorgenommen. Im Anschluss daran sollte die Feinjustierung in einer Reha-Klinik durchgeführt werden. Die Krankenkasse hielt die in der erstgenannten Klinik vorgenommene Grobeinstellung des Hirnschrittmachers für ausreichend und verweigerte eine Feinjustierung in einer speziellen Rehabilitationsklinik.

Mir stellt sich noch heute die Frage, was eine derart teure Operation soll und wieso sie finanziert wird, wenn nicht gleichzeitig die mindestens ebenso wichtige Reha-Maßnahme, sprich: die Einstellung des Generators, ermöglicht wird. Ich mache hier den Krankenkassen, die solche Anschlussbehandlungen ablehnen, den Vorwurf, dass sie zwei zusammengehörige medizinische Behandlungen trennen, die als eine Einheit betrachtet werden müssen. Die jeweiligen Sachverständigen der Krankenversicherung verfügen offenbar nicht über die nötige Sachkenntnis, denn eine

THS ohne nachfolgende, gründliche (das heißt individuell angepasste) Einstellung der Stimulationsparameter, kann man sich auch schenken bzw. ist völlig überflüssig und nutzlos. Hier spart die Versicherung am falschen Ende.
Ich hatte jedenfalls großes Glück, dass die Ersteinstellung des Neurostimulators gleich gut gelang und die Feinjustierung der Elektroden ambulant durchgeführt werden konnte. Die Entscheidung der Krankenversicherung, eine Reha abzulehnen, hat mir also nicht geschadet. Die Stimulation funktioniert glücklicherweise gut.
Meine gute Einstellung der Stimulationsparameter ist allerdings kein Beweis dafür, dass eine Reha überflüssig ist, denn ich stelle eine absolute Ausnahme dar. In meinem Fall bewirkte die erste Grobeinstellung schon Ergebnisse, die normalerweise erst bei einer Feinjustierung erreicht werden.
Erfahrungswerte und dokumentierte Fälle sprechen hier eine klare Sprache: Die meisten THS-Patienten bedürfen dringend einer Anschluss-Nachbehandlung, damit die individuelle Feinjustierung der Elektroden vorgenommen werden kann und damit die Operation nicht unnütz war. Operation und Nachbehandlung gehören untrennbar zusammen. Das eine macht ohne das andre keinen Sinn.
Für mich würden diese zermürbenden Auseinandersetzungen mit der Krankenversicherung nun hoffentlich der Vergangenheit angehören. Und auch die Begegnung mit unsensiblen Ärzten, die den Patienten scheinbar für unmündig halten und ihn von oben herab behandeln.

25. Sie sind austherapiert, ich kann nichts mehr für Sie tun

Einen dieser Ärzte der arroganten Sorte erlebte ich in einer Klinik, in die ich wegen heftiger Bauchkrämpfe eingeliefert worden war.
Bei dieser Gelegenheit wurde auch eine erneute medikamentöse Einstellung vorgenommen. Der Chefarzt der Fachklinik gilt als Koryphäe auf dem Gebiet Parkinson. Ich begegnete ihm zum ersten Mal bei der Visite. Gefolgt von seiner Ärztecrew stürmte er ins Zimmer, forderte mich, ohne mich begrüßt zu haben, auf: »Laufen Sie mal ein paar Schritte vor mir her.«
Ich führte ihm vor, wie ich laufen konnte, ging ein paar Schritte durchs Krankenzimmer, wurde dabei von der gesamten Ärztemannschaft beobachtet und kam mir vor wie eine Außerirdische.

»Die ist total falsch eingestellt«, kommentierte der Chefarzt meine unbeholfenen Gehversuche.
Er schaute mich nicht an, hielt es auch nicht für notwendig, mich über die geplanten Behandlungsschritte aufzuklären, sondern kehrte mir den Rücken zu und wollte gerade das Zimmer verlassen, als ich ihm nachrief:
»Welche Behandlung ist denn nun vorgesehen?«
Sichtlich genervt drehte sich der Chefarzt um und antwortete: »Das kann Ihnen ja später die Oberärztin erklären.«
Dann schwebte er, mehr als er ging, aus dem Krankenzimmer.
Am nächsten Tag bat ich den Chefarzt um einen Gesprächstermin, an dem auch mein Mann teilnehmen können sollte. Der Arzt wehrte die Bitte mit der Bemerkung ab: »Dafür gibt es die Visite.«
»Dabei kann aber mein Mann nicht anwesend sein. Die Visite ist täglich zu anderer Zeit«, erwiderte ich.
»Ich weiß zwar nicht, warum Ihr Mann unbedingt dabei sein muss, aber wenn es sein muss: Termine nur über mein Sekretariat«, schmetterte mir der Chefarzt entgegen. Ich rechtfertigte meinen scheinbar abstrusen Wunsch: »Mein Mann interessiert sich für mich und meine Krankheit und hat verschiedene Fragen an Sie.«
Ein Kopfschütteln signalisierte sein Unverständnis für meine Bitte.
Das gewünschte Gespräch fand zwei Tage später statt und entpuppte sich als Fachreferat des Chefarztes über die enormen Fortschritte der gegenwärtigen Parkinson-Forschung und die Vielzahl der zukünftigen Behandlungsmöglichkeiten sowie die Zusammensetzung der in der Forschung befindlichen Medikamente. Den Vortrag zu unterbrechen, waren Bernd und ich kaum in der Lage. Wenn wir eine Frage stellten, hob der Arzt gleich neu an, selbstgefällig sein Fachwissen in aller Breite auszuführen, ohne uns dabei eines Blickes zu würdigen.
Immer wieder versuchte ich, das Gespräch auf mein Anliegen zu lenken.
»Ich lege Wert darauf, möglichst nur so viele Tabletten einnehmen zu müssen, wie es unbedingt erforderlich ist.«
»Das ist auch meine Meinung. Es liegt mir fern, meine Patienten mit L-Dopa zuzuschütten«, erwiderte der Arzt.
Das Gespräch war lang und wenig ergiebig.
Bei der nächsten Visite verordnete er neue und mehr Tabletten. Ich bekam 550 mg L-Dopa am Tag verabreicht, dazu etliche andere Medikamente (Agonisten, Comt-Hemmer, Mao-B-Hemmer, Amantadine usw.), so dass ich schließlich achtzehn Tabletten täglich einnahm.

Eine Kernspintomographie wurde angeordnet. Ich hatte Angst davor, in der Röhre wegen der Enge wieder eine Panikattacke zu bekommen. Glücklicherweise war alles weniger schlimm als erwartet. Als die Ergebnisse vorlagen, bemerkte der Chefarzt lapidar: »Ich habe die Bilder gesehen. Der Oberarzt wird sie Ihnen erklären.«
Nichts geschah. Ich wartete vergeblich auf die Erklärung und bat schließlich den Oberarzt persönlich darum. »Ich werde Ihnen die Bilder erklären, sobald sie mir vorliegen.« – Tage vergingen. »Haben Sie die Röntgen-Aufnahmen inzwischen gesehen?«, fragte ich interessiert.
»Ja, aber mir fehlt einfach die Zeit, sie Ihnen zu erläutern, ich werde Ihnen eine schriftliche Kurzauswertung geben.«
Diese erhielt ich zwar, aber sie war in medizinischer Fachsprache abgefasst und für einen Laien unverständlich. Ich fragte also den Oberarzt: »Sind die Ergebnisse bedenklich? Wird mein Verstand durch den Parkinson in Mitleidenschaft gezogen?«
»Ja, das trifft zu«, erwiderte er ohne Umschweife.
»Bedeutet es, dass ich langsam, aber sicher unter Demenz leiden werde?«
»Ja, so ist es.« Er verließ das Krankenzimmer.
Ich, eine Demenzkranke? Das glaube ich nicht. Oder merke ich womöglich schon nicht mehr, was mit meinem Verstand los ist? Vielleicht bin ich ja schon verrückt, und keiner sagt es mir. Vielleicht habe ich geistig schon abgebaut, alle wissen es und enthalten mir die Wahrheit vor. Aber ich kann noch vernünftige Gespräche führen, ... oder etwa nicht? Ich kann noch Bücher lesen und den Inhalt verstehen, mir eine Meinung bilden. Ich habe noch keine geistigen Aussetzer oder Gedächtnislücken bemerkt. Demenz?! Nein, das nicht auch noch! Ich lasse mir von Sir James nicht meinen Verstand rauben, protestierte ich innerlich.
Bei der nächsten Visite stellte ich dem Chefarzt die gleiche Frage wie dem Oberarzt. »Bedeuten die Ergebnisse der Kernspintomographie, dass meine geistigen Fähigkeiten durch die Parkinson-Erkrankung beeinträchtigt werden?«
»Natürlich nicht! Es zeigen sich zwar Gehirnsubstanzveränderungen, sie sind weiter nicht bedenklich, sondern altersgemäß und im Rahmen Ihrer Krankheit normal. Sie hätten keinen Parkinson, wenn es nicht Veränderungen im Gehirn gäbe.«
Ich war erleichtert und zugleich verunsichert. Wem sollte ich nun glauben?
Kurz vor meiner Entlassung aus dem Krankenhaus berieten sich die Ärzte auffallend lange vor meine Zimmertür. Ich ahnte, dass mir nichts Gutes bevorstand. Der Chefarzt betrat, umringt von einer ganzen Ärztemannschaft, das Zimmer, stellte sich ans Bettende und unterbreitete mir, wieder einmal ohne einen Blickkontakt mit mir: »Ich muss Ihnen leider sagen, dass Sie medikamentös austherapiert sind.

Sie erhalten schon viel zu viel L-Dopa, mehr als die Höchstdosis, die ich normalerweise für tolerierbar halte.«

»Was bedeutet das für meine Zukunft?«, fragte ich erregt.

»Die Frage nach der Zukunft dürfen Sie nicht mehr stellen«, bekam ich zur Antwort, »wir können nur versuchen, die Zeit zu überbrücken, bis die noch in der Forschung befindlichen Medikamente für den Markt freigegeben werden, die Ihnen vielleicht noch helfen können. Ich kann nichts mehr für Sie tun.«

Mit diesen Worten verließ er das Zimmer. Ich bin nach Hause entlassen und fertig mit der Welt, dachte ich. Sie sind austherapiert. Ich kann nichts mehr für Sie tun, wiederholte ich das eben Gehörte. War es ein Film, der vor mir ablief, ein böser Traum, den ich erlebte, oder war wirklich ich gemeint?

Vielleicht können Ihnen noch Medikamente helfen, die in der Forschung sind. Die Frage nach der Zukunft dürfen Sie nicht mehr stellen.

Heißt das etwa, dass ich nichts mehr zu erwarten habe, dass ich ein Pflegefall sein werde, dass es nur noch eine Frage der Zeit ist, bis ich ein Pflegefall bin?

Ich – ein hoffnungsloser Fall! Man kann nichts mehr für mich tun. Es gibt keine Hilfe mehr für mich.

So vernichtend das Urteil auch sein mochte, ich konnte nicht einmal mehr weinen. Stattdessen empfand ich ein Gefühl von Apathie und Lethargie. Wenigstens ist er ehrlich gewesen und gesteht ein, dass er mit seinem Latein am Ende angelangt ist.

Das Telefon klingelte. Meine Mutter war in der Leitung. Ich bat sie zu kommen, im gleichen Atemzug brach aller Kummer aus mir heraus.

Nach einer gewissen Zeit war ich über dieses Schock-Erlebnis hinweggekommen und hatte eigenmächtig die Medikamente erheblich reduziert. Mir ging es nun mit weniger L-Dopa und insgesamt weniger Tabletten kein Stück schlechter als mit der weitaus höheren Dosis, die ich im Krankenhaus erhielt.

Ich bezweifelte nicht, dass der Chefarzt jener neurologischen Abteilung ein Parkinson-Spezialist und im Hinblick auf seine Fachkompetenz ein hervorragender Mediziner bzw. Forscher ist, aber menschlich gesehen, war ich von ihm und seinem Oberarzt mehr als enttäuscht.

Von Ärzten, die mich in selbstherrlicher Weise behandelten und mich mehr oder weniger zu entmündigen versuchten, hatte ich ebenso genug wie von Ärzten, die mich unzureichend über Untersuchungsergebnisse oder schwerwiegende Folgen bestimmter Behandlungsmethoden aufklärten. Je kränker und hilfloser ein Patient ist, das hatte ich erfahren, desto mehr ist er den Ärzten ausgeliefert und umso mehr ist er auf seine Familie als Begleitung im Krankheitsfall angewiesen.

26. Ärzte als Wegbegleiter

Meine Erfahrungen mit Ärzten waren und sind nicht grundsätzlich schlecht. Im Gegenteil, ich habe in Krankenhäusern und Arztpraxen auch viel Positives erlebt. Ich habe Ärzte kennengelernt, die ihre Patienten als gleichwertige Gesprächspartner betrachten, ihnen Verständnis entgegenbringen und Kranken Mut machen können. Neben meinem Hausarzt ist hier besonders meine Neurologin zu nennen von der ich seit 22 Jahren behandelt werde. Meine Neurologin genießt mein volles Vertrauen, sie zeigt menschliche Wärme, sie ist fachkompetent, sie ist über neue Forschungsvorhaben und -ergebnisse informiert, sie hat mich niemals bevormundet, sie ist immer offen für alternative Behandlungsmethoden, vermittelt eine positive Sicht der Dinge und kann ihre Patienten stets ermutigen.
Ich bin froh, gleich zu Beginn meiner Krankheit auf diese Neurologin getroffen zu sein. Sie hat auf den ersten Blick meinen Parkinson erkannt und mir auf diese Weise eine Odyssee von Arztbesuchen und Klinikaufenthalten zur Feststellung meiner Krankheit erspart. Ich bin nicht etlichen Fehldiagnosen ausgesetzt gewesen. Ich bin nicht als Simulant oder Hypochonder abgestempelt worden. Meine Neurologin ist auf dem Gebiet dieser speziellen neurodegenerativen Erkrankung versiert und mit der Behandlung von Parkinson-Patienten vertraut. Sie vermittelt mir stets das Gefühl, sich für mich als Person, für meine Sorgen und Nöte ebenso zu interessieren wie für mein körperliches Wohlergehen und freut sich mit mir über jeden Behandlungsfortschritt. Diese positiven Erfahrungen erleichtern mir den Entschluss, mich nicht unterkriegen zu lassen, trotz und mit Sir James.

Mein James, der heißt Parkinson

Meine Bewegung
hat alle Zeit der Welt
Die Uhr ist ausschließlich
nach James gestellt

Mein Fuß am Boden
ist wurzeltief
mit dem Erdreich verwoben
standfest wie James

Mein Wortgeflüster
auf leisen Sohlen
klingt wie gestrandete Sprache
Hat James befohlen

Mein Gesicht ist so steif
Es wirkt eingefroren
als hätt' es für immer die Mimik verloren
Das kommt von James

Werden Arme und Beine
vom Zittern geschüttelt
dann sind sie dank James
durcheinander gerüttelt

Mein James, der heißt Parkinson
Er hält niemals still
stattdessen macht er mit mir
tagein, tagaus, was er will

James hat in mir eine Heimat gefunden
Er ist mit mir symbiotisch verbunden
Er teilt mit mir jeden Schritt und Tritt
Er geht – wohin ich auch gehe – mit

So geh ich durchs Leben, von James begleitet
Mein Wissen und Fühlen durch James geweitet
Doch attackiert er mich einmal zu sehr
so halte ich meine Stirn ihm her

27. Kabelbruch und Kabelrevision

Schon acht Monate nach der THS verspürte ich eine zunehmende Verschlechterung meines Gesundheitszustandes. Wie schon zu Zeiten vor der Operation gelang es mir immer weniger, mich nachts im Bett von der einen auf die andere Körperseite zu drehen. Irgendetwas stimmte mit der Stimulation nicht mehr. Ich beobachtete mich noch einige Zeit, bis ich zu dem Schluss kam, dass es das Sinnvollste sei, mir einen Untersuchungstermin in der Klinik geben zu lassen.

Bei dieser Untersuchung stellten die Ärzte der neurologischen Ambulanz fest, dass die Impedanzen erhöht waren, was darauf hindeute, dass die rechte Elektrode nicht mehr mit Strom versorgt werde. Es gebe nur drei mögliche Ursachen für diese Störung:

1. der Generator ist defekt,
2. das Kabel ist abgeknickt, verdreht oder gerissen,
3. eine im Hirn implantierte Elektrode ist nicht in Ordnung.

Sollte die dritte Möglichkeit zutreffen, stünde mir eine erneute THS bevor. Ich wurde allmählich unruhig und hatte große Sorge, dass die dritte Variante die Erklärung für die Bewegungsstörung sei. Ein Röntgenbild brachte Klarheit: Deutlich ließ sich im Bauchraum auf einer Seite ein durchgebrochenes Kabel erkennen, das es möglichst bald zu erneuern galt.

Diese Diagnose löste in mir diffuse Ängste aus, auch durch viele, zunächst offene Fragen, die in meinem Kopf herumspukten:

Wie konnte es zu diesem Kabelbruch kommen? Lag vielleicht ein Materialfehler vor? Oder war ich in letzter Zeit gestürzt?

War das eingesetzte Kabel in meinem Körper von vorn herein zu kurz gewesen, so dass es wegen andauernder Anspannung und Überdehnung reißen musste?

Würde man überhaupt jemals die Ursache herausfinden? Welche Auswirkungen kann ein Kabelriss auf den Körper haben?

Könnten sich die durch den Kabelriss verursachten Symptome verschlechtern? Könnten mit der Zeit weitere Symptome hinzukommen?

Was würde mir nun schon wieder bevorstehen? Musste ich mit einer erneuten Operation rechnen, bei der auch die Elektroden wieder neu implantiert werden müssten? Bestünde die Gefahr, dass bei einem Austausch der Kabel das komplette System der Stimulation zerstört werden könnte?

Würde ich die erneute Operation gut verkraften? Konnte mir jemand die Sicherheit geben, dass die Erfolge der THS bei dieser Operation nicht auf der Strecke blieben?

Wann könnte die Kabelrevision vorgenommen werden? Wo sollte sie vorgenommen werden? Wie lange würde ein erneuter Krankenhausaufenthalt dauern?
Sollte ich überhaupt die Kabelrevision vornehmen lassen? Oder ließ es sich auch mit diesem eingeschränkten Ergebnis der THS leben?
Die behandelnden Ärzte rieten mir zu dem Eingriff, also zur Kabelrevision, und machten mir Mut zu diesem Schritt, da dieser verglichen mit der THS deutlich weniger Aufwand bedeute, aber mir die vollständige Beweglichkeit wieder zurückgeben würde. Schließlich, so meinten sie, habe ich ja nicht all diese Strapazen, die mit einer THS verbunden sind, auf mich genommen, um nur ein mittelmäßiges Ergebnis der Stimulation zu erhalten, wohlwissend, dass ein besserer Stimulationseffekt erzielt werden könnte.
Trotz der wenig schönen Diagnose Kabelbruch war ich doch erleichtert, dass nicht die Elektroden selbst einen Fehler aufwiesen. Ich entschloss mich, nach einigem Abwägen, das begrenzte Risiko einzugehen. Tief in meinem Inneren hatte ich aber reichlich Angst vor dem bevorstehenden Eingriff.
Mir wurde erneut klar, wie abhängig ich von Strom war und wie wenig ich selbst in der Lage war, meine Bewegungen zu steuern

Kabelriss in mir

Stromausfall
Kabelriss
Defekt in der Maschine
In mir

Die Kabelrevision ließ ich in der Klinik vornehmen, in der auch die THS durchgeführt worden war. Recht schnell bekam ich einen Operationstermin.
Der Eingriff gestaltete sich dann doch komplizierter als zuvor angenommen, weil es an dem oberhalb des Ohres implantierten Verbindungselement (dem sog. Connector), das die beiden Kabel der zwei Elektroden zusammenführt, schon heftige Verwachsungen mit dem Gewebe gab, die der Arzt erst vorsichtig lösen musste, um nicht die Kabel der Elektroden zu beschädigen. Genau an dieser Stelle gleich oberhalb des linken Ohres wurde während der Operation das alte, defekte Kabel, das hinunter bis in den Bauch hinein zum dort implantierten Impulsgeber führte, ent-

fernt und durch ein neues Kabel ersetzt. Diese Mal wurde es besonders locker verlegt, um jede Spannung, der das Kabel ausgesetzt sein könnte, von vornherein zu vermeiden.

Wodurch der Kabelriss verursacht worden war, blieb ein Rätsel. Bis heute weiß ich nicht, ob ein Materialfehler vorlag oder ob es zu stramm verlegt war. Vielleicht war auch ein Sturz seine unmittelbare Ursache. Natürlich konnten auch mehrere Faktoren beteiligt sein.

Grundsätzlich fand ich die Situation, in der ich mich befand, befremdend, weil ich wieder einmal hautnah zu spüren bekam, dass ich nur mit Hilfe eines Generators, eines batteriebetriebenen Gerätes, einigermaßen gut funktionierte. Ich war verkabelt, verdrahtet vom Kopf bis in den Bauch und stand sozusagen ständig unter Strom. Schaltete man den Neurostimulator aus, so rutschte ich relativ schnell in einen Zustand der Steifheit und der Unbeweglichkeit. Ich war von der Technik abhängig. Gab es ein technisches Problem, einen Defekt in der Maschine, so funktionierte mein Körper auch nicht mehr. Was viele Freunde, Bekannte und Verwandte ausschließlich aus der Perspektive der Genialität des technischen Fortschritts sahen und als einen exzellenten medizinischen Erfolg werteten, jagte mir in solchen Situationen wie dem Kabelriss Angst und Schrecken ein, weil ich mich wie eine Marionette fühlte, bei der der Spieler nur an einem Faden ziehen musste, um bestimmte Bewegungsabläufe auszulösen.

Einerseits war ich froh, dass es solche medizinischen Errungenschaften gab, von denen ich gesundheitlich immens profitieren konnte, andererseits erschütterte mich diese Möglichkeit zutiefst, weil sie mich zu einem auf Knopfdruck funktionierenden Menschen degradierte, der ein- und ausgeschaltet werden konnte.

Ein Gedicht, das diese Problematik aufgreift, schrieb ich nach meiner erfolgreichen Operation und der Auseinandersetzung mit den Möglichkeiten und Grenzen medizinischer Machbarkeit.

Tiefe Hirn-Stimulation

Elektroden
im Kopf
Generator im Bauch
verdrahtet
Ich stehe unter Strom
bin wieder beweglich

Gut so!

Aber ich bin steuerbar
wie eine Maschine
mit Impulsgebern im Kopf
manipulierbar
wie eine Marionette
Was die Medizin alles kann
hörte ich andere loben

Angst so!

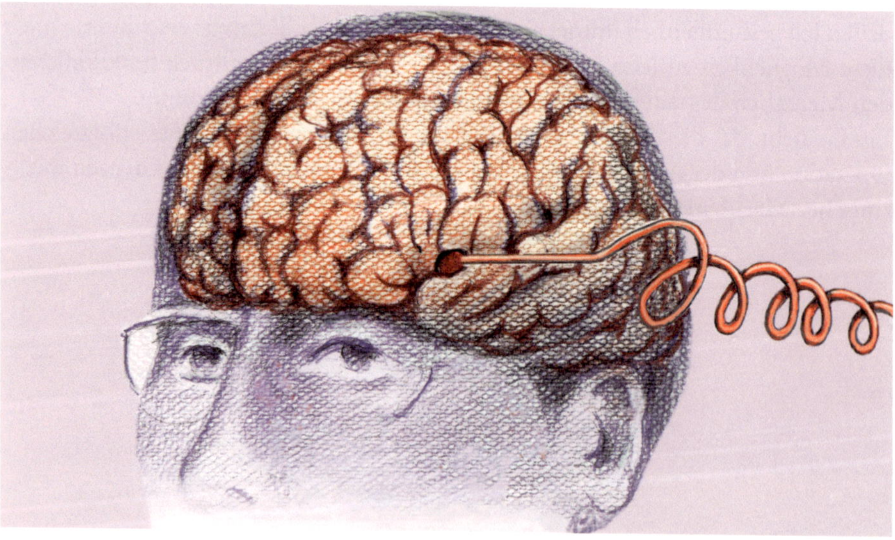

28. Ein Brief an meine Familie

Liebe Nicola, liebe Hannah, liebe Lena,
lieber Bernd,

als hätte es in der letzten Zeit noch nicht genug Aufregung gegeben! Jetzt ist die Kabelverbindung vom Generator zu den Elektroden gestört, ist gerissen. Wie es zu einem solchen Kabelbruch kommen konnte, weiß ich nicht, und es wird sich wahrscheinlich auch nicht eindeutig klären lassen. Was allerdings unzweifelhaft feststeht, ist, dass ich mich einer erneuten Operation unterziehen muss.
Etwas Angst habe ich schon vor dieser Operation, besonders, weil eine Verletzungsgefahr für die Elektroden besteht. Manchmal frage ich mich, warum eigentlich ich so oft so viel gesundheitlichen Ärger habe und das Pech sozusagen anziehe oder, wie man auch sagt, immer »hier« schreie.
Ich weiß, dass diese Klinikaufenthalte und Operationen auch für euch eine Belastung darstellen und ihr euch immer wieder große Sorgen macht. Ich finde kaum Worte, euch dafür zu danken, dass ihr stets mit mir fühlt, mit mir leidet, wenn ich Schweres durchzustehen habe, oder ihr euch mit mir freut, wenn etwas gelingt. Ich bin so unsagbar froh, dass es euch gibt und dass ich euch an meiner Seite wissen darf. Ihr habt mir vieles leichter gemacht, indem ich spüren durfte, dass ihr mich getragen habt, indem ihr mir zum Beispiel durch eure einfühlsamen und aufmunternden Worte, durch euren Zuspruch und durch eure tatkräftige Unterstützung gezeigt habt, was ich euch bedeute.
Ihr habt mir geholfen, die oftmals steinigen Wege zu gehen, und die Hindernisse aus dem Weg zu räumen oder zu überwinden, um zum Ziel gelangen zu können.
Auch dieses Mal hoffe ich, dass die Operation gelingt und der Kabelriss schnell behoben werden kann, ohne Beschädigung der Elektroden, so dass mir eine erneute THS erspart bleibt.
Seien wir also zuversichtlich, dass es klappen wird. Dass mein Leben in Gottes Händen liegt, lässt mich ruhig werden. Er wird mich auch auf diesem Weg beschützen und mir beistehen. Daran glaube ich fest!
Allen, die in Gedanken oder im Gebet bei mir sind und sein werden, danke ich nochmals aus tiefstem Herzen dafür

Eure Angela

29. Wofür es sich lohnt, mit Morbus Parkinson zu leben

Hannah hatte mir, als ich von Angstattacken geplagt wurde, den Tipp gegeben, Gründe aufzuschreiben, wofür es sich lohnt zu leben. Ich folgte dem Ratschlag und überlegte so viele verschiedene Gründe, dass ich Seiten damit füllte. Die wichtigsten druckte ich aus und heftete die Blätter über meinen Schreibtisch an die Wand. In Augenblicken depressiver Verstimmungen las ich die Gründe, und es gelang mir stets, wieder Licht im Dunkeln des Alltags zu sehen.
Diese Lichtblicke konnten eine Kinderstimme sein, die ich von der Straße her vernahm, oder der Anruf eines lieben Freundes, der Überraschungsbesuch eines Bekannten, schöne Musik oder einfach nur ein schönes inneres Bild: die Erinnerung an eine Urlaubsszene, an ein schönes Ereignis oder Naturschauspiel. Solche Lichtblicke drangen tief in meine Seele ein und ließen mich spüren: Das Leben ist schön, trotz und mit Parkinson, du bist nicht allein und du hast unendlich viele Gründe zur Freude über dein Leben. Natürlich musste ich diese Lichtblicke in trauriger Stimmung erst suchen, aber ich konnte lernen und mich darin üben, sie zu finden, wenn ich sie brauchte.

- Für die Liebe, Zuwendung, Hilfe, Geduld, Ermutigung und das Verständnis meiner wunderbaren Familie (Bernd, Nicola und Michael, Hannah und Thomas, Lena und Sven) mir gegenüber

- Für meine fröhlichen Enkelkinder, Paula und Johanna, und für jedes Kinderlachen in dieser Welt

- Für meine Schwester Margret, ohne viel Aufhebens immer zur Hilfe bereit

- Für unseren Garten und für jede Blume darin, weil sie mir die Schönheit der Schöpfung und damit Gottes Liebe zu uns Menschen vor Augen führt

- Für meine Mutter, die eine starke, lebensbejahende, bescheidene und liebevolle Frau war und die ich so sehr vermisse, wie keinen Menschen sonst auf der Welt. Sie wird mir immer ein Vorbild sein

- Für meinen Vater, von dem ich weiß, dass er mir liebend gern ein Stück seiner Gesundheit schenken würde. Außerdem für seine stete Fürsorge

- Für all die Verwandten, Freunde und Bekannten, die wie Sterne oder Laternen auf meinem Lebensweg sind und diesen hell und freundlich machen

- Für jeden warmen, liebevollen und starken Händedruck eines Menschen

- Für das Sonnenlicht und alle Wärme, die davon ausgeht

- Für die Träume und Augenblicke, die mich glauben machen, ich sei im Himmel

- Für die Klarheit des Windes, für weiße Sandstrände, die Weite des Meeres und die Melodie der schäumenden Wogen

- Für die Romantik eines sternenklaren Himmels und eines Sonnenuntergangs an einem herrlichen Sommerabend

- Für eine wild wachsende, bunte Blumenwiese

- Für den Himmel mit seinen wunderschönen Wolkenformationen und vielfältigen Färbungen (besonders den rosa-violetten Winterhimmel, wenn die »Engelchen Kuchen backen«)

- Für jede Begegnung, die Spuren hinterlässt und meine Seele berührt

- Für den farbenprächtigen Regenbogen, der mir zeigt, dass Gott mit uns ist

- Für Gregorianische Musik

- Für Orffs »Carmina Burana« , Bizets »Carmen«, für Verdis »Rigoletto«, für die H-Moll-Messe von Bach, für Violinkonzerte von Saint-Saens und Symphonien von L. v. Beethoven

- Für die Songs von Bob Dylan, Cat Stevens, Eric Clapton, Simon and Garfunkel, The Doors, Ray Charles, Fats Domino, Buddy Holly u. a.

- Für Gedichte von Rose Ausländer, Hilde Domin, Erich Fried und Nellly Sachs, Reiner Kunze und Ingeborg Bachmann

- Für Literatur von Johann Wolfgang v. Goethe, Rainer M. Rilke, Thomas Mann, Kurt Tucholsky, Bertolt Brecht, Max Frisch, u. a. sowie für gute, interessante Bücher der Moderne, z.B. von Alessandro Barrico, Sándor Márai, Gioconda Belli, Maria Nurowska, Uwe Timm, Velma Wallis u.a.

- Für meinen Schutzengel, der mich behütet und auf all meinen Wegen bewacht

- Für das frisch sprießende, zarte Grün an den Bäumen und Sträuchern, wenn der Frühling erwacht

- Für das Glitzern der Schneeflocken im »Wintermärchenwald« und das Knirschen des Schnees unter den Schuhsohlen oder für funkelnde, eisummantelte Zweige in klirrender Kälte

- Für jedes kleine Glück

- Für unsere Urlaubsreisen, besonders zum Landgut »La Glaudie« in das schöne Périgord, wo ich die Seele baumeln lassen kann

- Für das fröhliche Gezwitscher der Vögel in den frühen Morgenstunden

- Für kostbare Erinnerungen an schöne Stunden und wertvolle Begegnungen

- Für meine Malerei, bei der ich ganz in mich versinke und eine innere Ausgeglichenheit und Leichtigkeit verspüren kann

- Für die Gedankenfreiheit und die Fähigkeit, Gedanken in Worte zu fassen und niederzuschreiben

- Für alle Parkis, denen es oftmals ebenso schlecht wie mir oder schlechter als mir geht, und für das Gefühl der tiefen Verbundenheit mit ihnen. Sie sind diejenigen, die genau wissen, was es heißt, sich mit Sir James herumschlagen bzw. arrangieren zu müssen.

30. Antwort auf ein Leben mit Parkinson

Mit Sir James hatten Bernd und ich, ja, die gesamte Familie viele Schattenseiten des Lebens kennengelernt, viele Trostlosigkeiten und Ängste erlebt; oft flossen Tränen. Aber James hatte uns auch die Sonnenseiten des Lebens gezeigt, trotz und mit einer immer noch unheilbaren Krankheit ein froher und glücklicher Mensch sein zu können, der die Schönheiten des Daseins sehen und genießen kann.
Dass ich oft Angst hatte, wenn ich an meine Zukunft dachte, lässt sich nicht leugnen. Oft dachte ich darüber nach, wie es sein würde, wenn ich nicht mehr laufen könnte, wenn ich immer unbeweglicher werden würde, wenn die Medikamente mehr und mehr unangenehme Nebenwirkungen zeigten, wenn die schrecklichen Krämpfe zunähmen, wenn ich mir gar nicht mehr selber helfen könnte, wenn ich ein Pflegefall wäre, wenn ... Würde ich immer die Kraft haben, das Leiden zu (er)tragen? Angst und Schrecken plagten mich vor einer solchen Situation.
Hannahs hilfreicher Tipp, sich auf die Suche nach diesen Lichtblicken im manchmal so tristen Alltag zu begeben, lenkte meinen Blick auf das Schöne,

Frohmachende im Leben, gerade wenn dieser Blick versperrt schien: Ich war in der Lage, James etwas entgegenzusetzen, selbst etwas zu tun. Ich war Sir James nicht gänzlich ausgeliefert, auch wenn es manchmal den Anschein haben mochte. Ich konnte ihm trotzen. Es lag an mir, welche Einstellung ich zu meiner Krankheit hatte, welchen Stellenwert ich James in meinem Leben einräumte.
Selbst als Sir James noch unwiderruflich mit all seinen Krankheitszeichen präsent war, konnte er nur einen Teil meines Lebens behindern. Ich bin mehr als meine Krankheit. Ich »bin nicht mein Parkinson«, sondern ich habe diese Krankheit nur. Zwar kann James sehr belastend sein, aber er kann mich nicht meiner Freiheiten berauben. Ich bin ein Mensch, der gerne lebt. Nun brauche ich mich nicht mehr davor zu fürchten, was Sir James mir noch alles aufbürden würde.

Antwort auf das Leben

Du gehst auf leisen Sohlen
durch die düsteren Flure
vergangener Missklänge, achtsam
sie nicht zu berühren

jeder Schritt ein lautloser Flügelschlag

Sternengewisper im Mondenschein
deckt Deine Ängste zu
wärmt Dein Gemüt
reicht Dir die Hand

ein letzter Flügelschlag

Du ergreifst die schützende Hand
atmest den lieblichen Duft des Vertrauens
begegnest dem erwachenden Tag
gleitest fast schwerelos unaufhaltsam

in die Antwort auf das Leben
die Du bist.

Die Operation ist überstanden. Alle schmerzhaften und hinderlichen Symptome sind wie weggeblasen. Ich habe ein neues Leben geschenkt bekommen. Mein Traum, die Beweglichkeit wiederzuerlangen, ist Wirklichkeit geworden, alles ist genauso eingetreten, wie ich es mir so sehr gewünscht habe.
Die THS war für mich stets die letzte Möglichkeit, die ich erst in Betracht zog, als der Leidensdruck so groß wurde, dass ich die Operation regelrecht herbeisehnte. Sie hat meine Hoffnungen erfüllt und meinem Leben wieder Qualität gegeben.
Ich habe nun weitgehend Ruhe vor Sir James. Bernd und ich genießen diese neue Lebensphase in vollen Zügen. Ich habe eine Neugeburt erlebt.
Was ich aus meinem Leben mache, liegt zu einem großen Teil an mir selber. Das Leben stellt uns alle vor Aufgaben, die nicht immer leicht zu bewältigen sind. Wir alle sind gefordert, uns diesen Aufgaben zu stellen. Auch ich bin gefordert, wie jeder andere Mensch auch. Ich selber gebe die Antwort auf die Aufgaben, die das Leben an mich stellt, und ich gebe diese Antwort auf immer neue Herausforderungen.

31. Die Jahreskontrollen

Einmal jährlich sollte sich der Patient, der sich einer THS unterzogen hat, für eine kurze Zeit in stationäre Behandlung begeben, um die Stimulation kontrollieren zu lassen.
Diese Jahreskontrollen sind für den Betroffenen physisch und psychisch anstrengend, weil er jedes Mal wieder seinen Gesundheitszustand erlebt, den er vor der THS hatte, und das ist für gewöhnlich kein erstrebenswerter.
Bei einer solchen Jahreskontrolle wurde ich in unterschiedlichen Zuständen getestet. Zunächst durfte ich ab dem Abend vor der Testung keine Parkinson-Medikamente mehr einnehmen. Am folgenden Morgen geleitete mich dann eine Krankenschwester von meinem Zimmer in den »Testraum«, in dem ich verschiedene Aufgaben erfüllen musste.
Zunächst sollte ich auf einem weißen Blatt Papier meinen Namen erst mit der rechten Hand, dann mit der linken schreiben, das gleiche galt für einen einfachen Satz. Im Anschluss daran wurde ich aufgefordert, eine Spirale zu malen, erst mit rechts, dann mit links. Danach sollte ich einen Satz nachsprechen und mir diesen merken. Nach einer nächsten Übung, die mich ablenkte, wurde ich aufgefordert, den Satz aus der Erinnerung zu wiederholen und aufzuschreiben.

An einem Testgerät war ein Knopf so schnell und oft wie möglich innerhalb einer vorgegebenen Zeitspanne herunter zu drücken. Ein installierter Zähler gab nach Ablauf der Zeit die Anzahl der gelungenen Versuche an, wiederum getrennt nach rechter und linker Hand.

Nun forderte mich die Krankenschwester auf, vor laufender Videokamera die Wochentage laut und deutlich zu sprechen. Dann sollte ich Zahlenreihen rückwärts (in 3er oder 5er-Schritten) ausgehend etwa von einer vorgegebenen dreistelligen Ziffer bilden. Abwechselnd mit der rechten und der linken Hand musste ich Drehbewegungen (wie die beim Glühbirne einschrauben) in möglichst großen Amplituden ausführen. Nächste Aufgabe: den rechten und den linken Zeigefinger nacheinander zur Nasenspitze führen, erst mit offenen, dann mit geschlossenen Augen. Der rechte Zeigefinger und der rechte Daumen waren zusammenzuführen und in möglichst großen Amplituden wieder zu öffnen. Dies sollte ich mit allen Fingern der Hand vollziehen.

Die anschließende Aufgabe sah vor, meine Hand zu einer Faust zusammenzuballen, sie möglichst schnell wieder zu öffnen und dabei gleichzeitig die Finger zu spreizen. Auch diese Übung wurde nacheinander mit beiden Händen ausgeführt.

Ich wurde aufgefordert, mit den Füßen kräftig auf den Boden zu stampfen, abwechselnd mit dem rechten und linken Fuß, dann die Füße nacheinander möglichst hoch anzuheben und wieder aufzusetzen.

Nun sollte ich die Arme über Kreuz und dabei die Hände auf meine Schultern legen und so versuchen, freihändig und zügig aufzustehen, dann in Richtung Kamera zu laufen, mich umzudrehen und zurückzugehen.

Schließlich prüfte die Krankenschwester noch meinen Gleichgewichtssinn, indem sie sich hinter mich stellte und mich an den Schultern kurz und heftig nach hinten zog, so dass ich reflexartig einige Schritte nach hinten machte und versuchte, mich wieder zu fangen.

Viele Parkinson-Patienten geraten bei diesem Test so sehr ins Schwanken, dass sie zu stürzen drohen. Häufig holt sich die Krankenschwester bei dieser Testung Hilfe von einer zweiten Person, die ggf. den Patienten rechtzeitig mit auffangen kann.

Zu guter Letzt beobachtete und filmte mich die Schwester beim Laufen einer längeren Wegstrecke.

Nach diesem Testverfahren schaltete sie den Neurostimulator aus, und nach etwa 10 bis 20 Minuten begann dann die gleiche Testreihe wie oben beschrieben im Medikamenten-off und im Stimulations-off.

Diese Phase stellt für den Patienten eine Tortur dar, da sie dem Betroffenen nicht nur körperlich, sondern auch psychisch und mental große Anstrengungen abverlangt. Auch ich war erschöpft und fühlte mich völlig ausgebrannt nach dieser Prozedur.

Nach diesem zweiten Durchgang sehnte ich mich nur noch nach einem Ende der schrecklichen off-Zustände. Gott sei Dank erhielt ich dann, nachdem mein Impulsgeber wieder eingeschaltet worden war, eine schnell wirkende Tablette in relativ hoher Dosierung, die mich rasch in eine on-Phase versetzte. Danach wurde ein letztes Mal meine Beweglichkeit im Medikamenten- und Stimulations-On geprüft.

Für die gesamte Testserie benötigt man etwa einen Vormittag.

Da ich in off-Zuständen häufig unter starken Oberbauchkrämpfen leide, würde ich gerne auf die Jahreskontrollen verzichten. Außerdem beschleicht mich immer wieder die unbegründete Angst oder Sorge, die Stimulation könnte mir verloren gehen. Vor diesen Jahreskontrollen und den damit verbundenen off-Zuständen habe ich großen Respekt

Auf eine Nachfrage bei den Parkinsonärzten bezüglich der Notwendigkeit dieser Kontrollen erhielt ich die Antwort, dass es grundsätzlich wichtig sei zu überprüfen, ob die Stimulation ordnungsgemäß funktionierte. Außerdem sollten diese regelmäßigen Patientenchecks, deren Ergebnisse auch im Videofilm festgehalten werden, eine Kontinuität aufweisen, damit im Falle möglicherweise auftretender Probleme mit der Stimulation auf Ergebnisse einer genauen Analyse und Auswertung der Testdaten für eine weitere Behandlung zurückgegriffen werden kann. Die Resultate der wiederholten Messungen geben Auskunft über den Wirkungsgrad der Stimulation und den der Medikamente, so dass sich die Anteile dieser beiden Größen an der Beweglichkeit des Patienten bestimmen lassen.

Nicht zuletzt dienen diese Tests auch wissenschaftlichen Forschungszwecken.

32. Probleme der Nachsorge: die postoperative Zeit

Im Bereich der Nachsorge der THS besteht offenbar noch ein großer Handlungsbedarf. Gerade im Hinblick auf die Feinjustierung des Generators gibt es noch viele Mängel. Theorie und Praxis klaffen hier oft auseinander. Einige Ärzte wissen entweder nicht um die vielen, differenzierten Einstellungsmöglichkeiten, oder sie können ihr theoretisches Wissen nicht praxisgerecht umsetzen. Entweder mangelt es dem medizinischen Personal an Schulung im Hinblick auf dieses komplizierte System, oder sie sind nicht in der Lage, diese ihnen vermittelten Daten und Kenntnisse in die Praxis der Feinjustierung einzubringen.

In meinem Fall kann ich über Einstellungsprobleme kaum klagen, aber in vielen anderen Fällen von Patienten, die sich der THS unterzogen haben, verlief die Nachsorge nur sehr unzureichend. Ich weiß von einem guten Freund, der mich – mit seinen Nerven völlig am Ende – besuchte, weil er wie verrückt zitterte und keine Minute mehr stillhalten konnte. Ich war sicher, dass dieses Symptom, das erst nach dem Aufenthalt in einer Rehabilitationsklinik aufgetreten war, mit der Einstellung zu tun haben musste. Wir suchten gemeinsam die Klinik auf, in der sowohl er als auch ich auf die THS vorbereitet worden waren.

Und siehe da! Der uns beide behandelnde Arzt erschrak, als er zufällig über den Flur eilte und meinen Freund erblickte. »Was ist denn mit Ihnen los?«, fragte er sichtlich bewegt. »Da wollen wir doch gleich mal schauen, was da nicht stimmt mit der Einstellung.« Im Behandlungszimmer holte er sein Programmiersteuergerät hervor und überprüfte die Einstellung. Binnen kürzester Zeit hatte er den Fehler gefunden. In der Reha-Klinik waren die Pole vertauscht worden. Das zuständige ärztliche Personal hatte die Einstellung der rechten Körperhälfte mit der der linken Körperhälfte vertauscht, wodurch es in der Folgezeit zu diesen heftigen Bewegungsstörungen kam.

Die Stimulation der beiden Körperhälften erfolgt sozusagen über Kreuz oder seitenverkehrt: Während die Einstellung der im Hirn linksseitig implantierten Elektrode die rechte Körperhälfte steuert, ist die rechtsseitig implantierte Elektrode für die linke Körperhälfte zuständig. Die beiden Elektroden bieten den Vorteil, beide Körperhälften des Patienten getrennt voneinander und mit unterschiedlicher Stromstärke einzustellen und anzusteuern, so dass den oft in einer Körperhälfte stärker auftretenden Parkinson-Symptomen gezielter zu Leibe gerückt werden kann, indem der Arzt mit der Stimulation darauf spezifisch reagiert.

Mein Freund litt wegen des Unvermögens oder der Unachtsamkeit eines Arztes

monatelang an diesen heftigen Zitterattacken, die ihm wirklich schwer zu schaffen machten. Selbst die kleinsten alltäglichen Verrichtungen vermochte er nur mit größter Mühe und unter Aufwendung unendlich langer Zeit zu erledigen, z. B. Geld aus seinem Portemonnaie zu holen oder ein Oberhemd zuzuknöpfen.
Ich war ebenso sprachlos wie mein Freund, als wir beide unmittelbar und direkt miterleben konnten, welche eklatanten Auswirkungen ein kleiner Handgriff am Steuergerät auf unseren Gesundheitszustand haben kann oder anders gesagt, welche verheerende Wirkung eine Fehlsteuerung oder Fehleinstellung des Neurostimulators zu entfalten vermag.

33. Informationsmängel und -lücken im Vorfeld der THS

Irritiert hat mich als THS-Parkinson-Patientin die Menge an fehlender oder ungenügender Information im Hinblick auf Einschränkungen, die ich nach der Operation im Alltag oder bei der Behandlung anderer Krankheiten zu beachten habe. Irritiert sage ich deshalb, weil ich auf keinen der im Folgenden dargestellten Aspekte vorbereitet war. Niemand hatte mich darüber aufgeklärt, welche Untersuchungen oder Behandlungsmethoden in der Zeit nach der erfolgten THS schwierig durchzuführen oder gar nicht erlaubt sind. Auch Probleme, die im Alltag auf mich lauern und meine Stimulation negativ beeinflussen können, hatte niemals jemand angesprochen. So schlitterte ich völlig unvorbereitet in die postoperative Zeit. Nur aufgrund eigener Studien in Broschüren des Generator-Herstellers, durch intensive Gespräche mit bereits Operierten sowie durch eine Reihe von Zufällen blieben mir viele unangenehme Zwischenfälle, die meine Stimulation hätten empfindlich stören können, erspart.
Es gibt eine Reihe von medizinischen Untersuchungs- und Behandlungsmethoden, die nur dann durchgeführt werden dürfen, wenn zuvor der Stimulator deaktiviert wurde.
Zufällig erfuhr ich von einem Freund, der die THS schon vor längerer Zeit hatte machen lassen, dass beispielsweise eine Magnet-Resonanz-Tomographie (MRT) in der Regel bei Patienten mit einem Kinetra-Hirnschrittmacher nicht durchführbar ist, weil die dabei entstehenden magnetischen Felder die Stimulation beeinflussen können.
Bei der neueren Impulsgebergeneration, den Activa-Stimulatoren, darf zumindest

eine MRT des Kopfes durchgeführt werden. Allerdings arbeitet der Hersteller noch an der Möglichkeit, diese Bildgebungstechnologie auch auf andere Körperregionen auszudehnen. Zurzeit laufen hier Testverfahren, die bisher nicht abgeschlossen sind. Eine Zulassung steht noch aus.
Auch eine Mammographie ist nur unter bestimmten Voraussetzungen erlaubt. Diese sind patientenabhängig und sollten im Einzelfall mit dem behandelnden Neurologen und/oder Radiologen abgesprochen werden. Zum einen können Unregelmäßigkeiten (Artefakte) auftreten, die das Röntgenbild unbrauchbar machen. Des Weiteren sind bei Hirnschrittmachern, die im Brustbereich verpflanzt wurden, gewisse Risiken gegeben. Der mechanische Druck, dem das Implantat bei einer Mammographie ausgesetzt ist, kann zu Störungen oder Schädigungen des Impulsgebers und der Kabelverbindung führen. Dies ist sowohl abhängig vom jeweiligen Patienten und seinen anatomischen Voraussetzungen als auch von der Implantationsstelle und davon, wie tief der Neurostimulator ins Gewebe eingelassen wurde.
Ich persönlich habe aus Angst vor der negativen Beeinflussung meiner Stimulation durch die Mammographie von dieser Untersuchung bisher abgesehen und lasse stattdessen bei meinem Gynäkologen ein Ultraschallbild der Brust anfertigen. Heutzutage gibt es sehr gute Ultraschallgeräte mit hervorragender Bildqualität, so dass die Aufnahmen zwar eine Mammographie nicht vollständig ersetzen können, aber sicherlich eine akzeptable Alternative für Patienten darstellen, mit Schrittmacherimplantat, wobei sicherlich auch die Größe der Brust berücksichtigt werden muss.
In einer Informationsbroschüre las ich, dass auch Computertomographien (CT) nur mit Bedacht und vorsichtig vorgenommen werden sollten, das heißt, dass sie nicht direkt über der Implantationsstelle des Generators erfolgen dürfen.
Bei Elektrokardiogrammen (EKG) ist es ratsam, den Generator auszuschalten, weil sich die elektrischen Wellen gegenseitig so stören, dass darunter die Qualität des aufgezeichneten EKG leidet, bis hin dazu, dass es nahezu unleserlich wird.
Auch eine elektrische Blutstillung, wie sie etwa hin und wieder bei zahnärztlicher Behandlung eingesetzt wird, ist untersagt, ausgenommen diese erfolgt bipolar. Das Gleiche gilt für die unter Einsatz von Hochfrequenzstrom bestimmte Gewebebezirke zerstörende Elektrokoagulation, die ebenfalls nur bipolar durchgeführt werden darf.

- Vermieden werden sollte auch jegliche Form von Elektrochirurgie.
- Es darf keine Diathermie-Behandlung, das heißt keine Tiefenerwärmung des Körpers mittels elektromagnetischer Schwingungen erfolgen und auch

- keine Lithotripsie (Steinzertrümmerung von Gallen-, Nieren-, Blasensteinen) im Harntrakt mit elektroakustischen Methoden oder Stoßwellen.

Ultraschall, Röntgen- und Laserstrahlen sind erlaubt, wobei man darauf achten muss, dass diese Untersuchungen nicht direkt über der Implantationsstelle erfolgen.

Keinen dieser Hinweise erfuhr ich im Vorfeld der Operation, und ich kenne auch keinen Parkinson-Patienten mit THS, der diese Informationen vor der Operation oder zumindest kurz danach bekommen hätte.

Eines Tages erhielt ich einen aufgeregten Anruf eines an Parkinson erkrankten Bekannten. Er wusste, dass wir uns eine neue Küche kaufen wollten. Aus diesem Grunde wollte er mir noch schnell mitteilen, dass wir uns als Träger eines Neurostimulators unbedingt von Induktionsherden, die in modernen Küchen immer häufiger zu finden sind, fernhalten müssen, damit unsere Stimulation nicht Schaden nehme. Auf Nachfrage bei der Herstellerfirma erhielt ich die Antwort, dass Induktionsherde für Hirnstimulierte so lange kein Problem darstellten, wie der Träger eines Schrittmacher-Implantates einen Sicherheitsabstand von ca. 30 cm vom Herd einhalte.

Diese Information relativiert zwar die Aufregung und Sorge meines Bekannten bezüglich eines Induktionsherdes in unserer Küche, nimmt mir persönlich aber nicht gänzlich die Angst vor einem solchen Gerät, weil ich den Impulsgeber im Bauch in Höhe des Bauchnabels implantier habe und folglich die 30 cm Entfernung von der Kochstelle nicht immer einhalten könnte. Glücklicherweise hatten wir uns sowieso schon für den Kauf eines Elektroherdes entschieden, so dass sich das Problem von allein gelöst hatte.

Ein anderes Problem stellt der Besuch einer Sauna dar. In der Klinik, in der die Einstellung meines Stimulators vorgenommen wurde, fragte ich einen Arzt nach den Möglichkeiten des Saunabesuches. Eine eindeutige Antwort erhielt ich leider nicht. Etwas verunsichert ob meiner Frage gab der Mediziner zu bedenken, dass er sich vorstellen könne, dass eine so starke Erhitzung, wie sie in einer Sauna erzeugt werde, die Elektroden schädigen könne. Er riet mir vom Besuch einer Sauna vorsichtshalber ab. Von einem Vertreter der Herstellerfirma der Generatoren erfuhr ich später, dass ein Saunabad »normalerweise« keine negativen Auswirkungen auf die Stimulation haben könne. Ein anderer Arzt wiederum hielt einen Saunabesuch für zu waghalsig. Zum Saunabesuch bezieht meine Handreichung der Herstellerfirma keine Stellung. Wem sollte ich Glauben schenken? Wegen dieser Verunsicherung nahm ich nochmals Kontakt zur Herstellerfirma auf und erhielt umgehend eine plausible und dezidierte Antwort auf meine Frage:

Das Hauptproblem bei einem Saunabesuch sei nicht das Implantat, sondern die

Haut des Patienten. Je nachdem wie tief der Impulsgeber unter der Haut liege und wie empfindlich die Haut des Parkinsonkranken reagiere, könne es zu Hautverbrennungen kommen. Das sei damit zu erklären, dass bei einem Saunabesuch die Haut des Patienten stark erwärmt werde, worauf der Körper mit Schwitzen reagiere, damit die Haut wieder etwas abgekühlt werde, um nicht zu verbrennen. Ein Schrittmacher, besonders ein dicht unter der Haut implantierter, könne möglicherweise diesen Prozess stören, indem er eine hinreichende Transpiration der Haut verhindere. Deshalb sei das Risiko von Hautverbrennungen gegeben.
Es hängt also entscheidend davon ab, wie die Hautbeschaffenheit bzw. -empfindsamkeit des Patienten ist (wie reizempfindlich also die jeweilige Haut is) und wie dicht sich der Hirnschrittmacher unter der Haut befindet. Diese Einflussfaktoren sind im Einzelfall von einem Facharzt in Zusammenarbeit mit dem Patienten zu prüfen, damit die Entscheidung für oder wider einen Saunabesuch gefällt werden kann.
Endlich hatte ich eine klare Stellungnahme erhalten und ich entschied mich, Saunabesuche zu meiden, um meine Stimulation nicht zu gefährden.
Gott sei Dank hatte ich in der Handreichung bzw. in dem Patientenbuch zum Stimulator gelesen, dass die Sicherheitsvorrichtungen am Flughafen von Stimulierten umgangen werden müssen. Träger eines Hirnschrittmachers bekommen einen Ausweis, der sie davon befreit, die Sicherheitsschleusen zu durchschreiten.
Das Flughafenpersonal kennt diese Ausweise und reagiert darauf in der Regel sehr nett und freundlich. Entweder wird die Stromzufuhr der Sicherheitsschleuse für kurze Zeit unterbrochen oder der Parkinson-Kranke wird durch einen anderen Gang ohne eine solche Vorrichtung in den Sicherheitsbereich geleitet. Allerdings muss er sich dann einer Leibesvisitation unterziehen.
Einmal, als eine Mitarbeiterin des Flughafenpersonals bei mir die Leibesvisitation durchführte, verwendete sie dabei, offenbar ahnungslos ob der davon ausgehenden Gefahren, einen Handdetektor, der ebenso die Stimulation hätte empfindlich stören können. Zufällig beobachtete ein weiterer Mitarbeiter des Bodenpersonals dieses Vorgehen und schritt gleich ein, unterbrach die Kollegin bei ihrem Tun und klärte sie über ihren Fehler auf.
Solche Vorkommnisse dürften nicht passieren. Als unaufgeklärter Patient ist man diesen oder ähnlichen Gefahren aber leider aufgrund fehlender rechtzeitiger Information immer wieder ausgesetzt.
Ich finde, dass hier noch sehr viel Handlungsbedarf besteht. Schon im Vorfeld einer THS müsste auf solche Probleme hingewiesen werden, sollten derartige praxisrele-

vante Hinweise und Informationen gebündelt und am besten schriftlich gegeben werden. Nur so kann verhindert werden, dass »Parkis nach THS« ahnungslos und unnötig den wie oben beschriebenen Überraschungen ausgesetzt sind, statt im Gegenteil gegebenenfalls frühzeitig entsprechende Vorkehrungen treffen zu können.

34. Generatoraustausch nach fünf Jahren

Knapp fünf Jahre nach der THS stand der erste Batteriewechsel des Generators bzw. Impulsgebers an.

Mein Implantat ist noch ein Modell der 1. Generation von Neurostimulatoren und nennt sich Kinetra, ist 76 mm lang, 61 mm breit und 13 mm hoch.

In der Regel dauert es vier bis sieben Jahre, bis die Batterieleistung nachlässt und schließlich völlig versagt, je nachdem wie hoch die Einstellung der Stimulationsparameter und damit der Gesamtstromverbrauch ist. Auf den Zeitpunkt der totalen Entleerung des Neurostimulators sollte man nicht warten, weil dann die Parkinson-Symptomatik in vollem Umfange greift und der Patient mehr oder weniger übergangslos in den bedauernswerten Zustand wie vor der OP zurückfällt.

Es sei hier angemerkt, dass jeder Patient nach der THS ein Therapiesteuergerät erhält, das in sein Eigentum übergeht und das er zur Überprüfung der Stimulationseckdaten einsetzen kann. Das zum Kinetra gehörige Therapiesteuergerät »Access« (das etwa doppelt so groß wie eine Computermaus ist) verfügt, im Gegensatz zu den neueren Geräten, noch nicht über ein Display, das die Stimulationsparameter anzeigen könnte.

Auf der Vorderseite befindet sich ein Tastenfeld, auf dem jede einzelne Taste jeweils eine bestimmte Funktion hat, wie Ausschalten oder Einschalten. Bei Nutzung dieser Tastatur leuchtet entsprechend der gedrückten Taste jeweils ein kleines Lämpchen auf der Rückseite des Gerätes auf.

Um das Steuergerät (wie bei den moderneren Folgemodellen auch) aktivieren und einsetzen zu können, muss ich es in einem ersten Schritt mit der Unterseite auf den implantierten Generator auflegen und es so positionieren, dass ein Kontakt zwischen beiden hergestellt wird. In einem zweiten Schritt kann ich dann die Taste auf der Vorderseite betätigen, mit der ich etwas bewirken will, etwa kurzfristiges Ausschalten der Stimulation, weil ich ein EKG machen lassen muss, oder Bedienung der mit Pfeilen gekennzeichneten Tasten, weil ich eine höhere oder niedrigere Ein-

stellung des elektrischen Impulswertes erreichen will. Im ersten Fall darf natürlich nicht versäumt werden, nach erfolgtem EKG die Stimulation wieder einzuschalten, indem ich (wie oben beschrieben) vorgehe, das Steuergerät auf den Impulsgenerator auflege und die Einschalttaste drücke.
Mit Hilfe dieses Therapiesteuergerätes kann der Patient also die eigene Einstellung der Stromstärke in einem bestimmten freigegebenen bzw. freigeschalteten Rahmen (meist um bis zu +/- 0,4 Volt in 0,1-Volt-Schritten) verändern. Das heißt, er kann die Stromstärke getrennt nach Elektrode der rechten und der linken Hirnhälfte in Schritten von 0,1 bis zu 0,4 Volt nach oben oder unten neu einstellen, indem er die entsprechende Taste auf dem Steuergerät bedient. Mit dieser Einstellungsfreigabe sollte der Patient allerdings verantwortungsvoll umgehen und von dieser Möglichkeit nur dann Gebrauch machen, wenn es dringend erforderlich scheint.
So könnte eine Veränderung der Stromstärke bei Patienten geboten sein, die Sprechstörungen aufweisen und mit Hilfe zeitlich begrenzter, veränderter Einstellungsparameter für die Dauer eines Gespräches ihre Sprechleistung so sehr verbessern wollen, dass sie für den Dialogpartner verstehbar werden, weil ihre Artikulation durch eine Herauf- oder Herabsetzung der Stromstärke klarer und deutlicher wird.
Auch die jüngere Generation von Therapiesteuergeräten verfügt über Lichtanzeigen, die bei Aktivierung und je nach Einsatz aufleuchten.
Wie kann ich nun den Batteriestatus ermitteln und feststellen, ob sich die Batterieleistung dem Ende zuneigt? Die Beinahe-Entleerung des Impulsgenerators lässt sich bei den veralteten Kinetra-Geräten leider nur sehr ungenau ermitteln. Wenn ich das Therapiesteuergerät auf den implantierten Neurostimulator lege und prüfe, ob der Generator noch angestellt ist, so wird im Falle der Beinahe-Entleerung ein Licht auf der Rück- bzw. Unterseite aufblinken (gilt auch für die moderneren Steuergeräte). Dann ist damit zu rechnen, dass die Batterieleistung nur noch einige Wochen ausreicht, und es wird Zeit, sich um einen Termin für einen Batterieaustausch zu bemühen, der in der Regel stationär in einem Krankenhaus vorgenommen wird. Unter Batterieaustausch versteht man dabei den Austausch des ganzen Impulsgebers und nicht nur der innen liegenden Batterie.
Während die alten Steuergeräte nur sehr grobe Informationen über den Batteriestatus geben konnten, wurden die neuen Modelle der Activa-Serie deutlich verbessert, indem sie nun genauere Daten liefern können. Der Facharzt kann mittels Messungen und ihm zur Verfügung stehender Tabellen relativ präzise den Batterieverbrauch bestimmen.
Das war bei der Kinetra-Produktfamilie nicht der Fall. Die Ärzte konnten keine

exakten Daten über den Batterieverbrauch ermitteln, sondern nur vage Auskunft über die Batterie-Entleerung geben; wie etwa: sie liegt bei 20-50% oder bei 50-80%. Für einen Patienten, der einen relativ hohen Verbrauch der Generator-Batterie hat, sind solche Aussagen einfach zu unpräzise, da er bei solchen vagen Werten nur sehr schlecht einschätzen kann, wann der Batterieaustausch und damit ein erneuter kurzer Klinikaufenthalt fällig wird.

Die neuen Activa-Modelle verfügen zudem über ein Warnsignal, das sich bei Einsatz des Steuergerätes einschaltet, wenn die die Batterie zur Neige geht, Ein Batterieaustausch sollte dann innerhalb der folgenden etwa 60 Tage vorgenommen werden.

Mit diesen Neuentwicklungen ist es gelungen, den Patienten vor unangenehmen Überraschungen, beieiner plötzlichen Batterie-Entleerung zu bewahren.

Ein Batterieaustausch stand bei mir also wie erwähnt nach knapp fünf Jahren an. Zwar hatte sich die Batterie noch nicht völlig entleert, aber ihre Leistung neigte sich dem Ende zu. Da wir für den Beginn des Jahres, in dem die Operation fünf Jahre zurücklag, eine Reise nach Argentinien geplant hatten, begab ich mich gegen Ende des vorausgehenden Jahres (kurz vor Weihnachten) in die Klinik, um einen Batterieaustausch vornehmen zu lassen. Dieser operative Eingriff erfolgte bei mir unter Vollnarkose (in der Regel kann er unter örtlicher Betäubung vorgenommen werden), war aber im Grunde genommen nur eine kleine Sache, da mein Impulsgenerator direkt unter der Haut implantiert ist. Noch am gleichen Tag ging es mir wieder so gut, dass ich aufstehen konnte und mich auch fit fühlte. Die Wunde heilte problemlos zu.

Mag es hier und in meinem Fall auch den Anschein haben, als sei ein Batteriewechsel nur eine kleine Routine-Operation, so darf diese vermeintlich »kleine Sache« nicht darüber hinwegtäuschen, dass immerhin bei bis zu 20% dieser Operationen Komplikationen auftreten.

35. Mögliche Probleme nach dem Austausch des Impulsgebers

In den Folgemonaten nach dem Wechsel des Generators trat bei mir allerdings immer wieder mal das Problem auf, dass sich der Neurostimulator aus unerfindlichen Gründen plötzlich von allein ausschaltete, also ohne dass ich mein Therapiesteuergerät zum Einsatz gebracht hatte.

Ich bemerkte erstmalig nach einem Museumsbesuch, dass mit meiner Stimulation irgendetwas nicht stimmte. Ich wurde zunehmend steifer und eingeschränkter in meiner Beweglichkeit, so dass ich kaum noch laufen konnte, weil meine Beine schwer wie Blei wurden und sich fast nicht mehr anheben ließen. Mit der Hilfe meines Mannes schaffte ich es gerade noch, zum Auto zu kommen und nach Hause zu fahren. Daheim positionierte ich sogleich mein Handsteuergerät über dem Implantat, um meine Stimulation durch eine leichte Erhöhung der Stromzufuhr wieder in Gang zu setzen.

Aber wie erstaunt war ich, als ich bemerkte, dass ein gelbes Lämpchen neben dem Symbol für »Impulsgenerator ausgeschaltet« aufleuchtete. Der Generator war also ohne ersichtlichen Grund von allein ausgegangen. Ich bediente sofort die Einschalttaste, um die Stimulation wieder in Gang zu setzen. Schon kurze Zeit später hatte ich das Gefühl, als kehre das Leben in meinen Körper zurück: Ich wurde nach und nach beweglich, konnte wieder laufen, die Starre im Gesicht entschwand, kurzum: ich fühlte mich wieder wohl.

Dennoch verunsicherte mich dieses Ereignis und es jagte mir Angst ein. Mir gingen viele Fragen durch den Kopf, auf die ich keine Antwort wusste.

Stimmte etwas mit dem Generator nicht?

War mir ein defekter Impulsgenerator implantiert worden? Oder ein Gerät, dessen Batterieleistung schon stark eingeschränkt war?

Hatte das Gerät einen Wackelkontakt? Oder war die Leitung zwischen Elektrode und Generator gestört?

Lag möglicherweise wieder ein Kabelbruch vor? Oder stimmte etwas mit den Elektroden nicht?

Ich beruhigte mich damit, dass dieser Ausfall der Stimulation bislang erst einmal vorgekommen war und es hoffentlich bei diesem einem Mal bleiben würde.

Aber in den folgenden Monaten stellte sich der Impulsgenerator noch mehrfach von alleine aus. Jedes Mal bemerkte ich eine enorme Verschlechterung meiner Beweglichkeit, die sich auch mit der Erhöhung der Tablettendosis nicht in den Griff bekommen ließ. Ich wagte mich nicht mehr aus dem Haus, ohne das Therapiesteuergerät bei mir zu tragen, damit ich im gegebenen Fall die Stimulation wieder einschalten konnte. Ich wurde zunehmend ängstlich und unsicher, weil ich vor »bösen Überraschungen« nicht gefeit war.

Nachdem dieses Problem etwa drei Mal aufgetreten war, vereinbarte ich einen Arzttermin, zu dem auch ein Vertreter der Herstellerfirma des Impulsgebers gebeten wurde. Wegen verschiedener Verpflichtungen der Teilnehmer kam erst ca. sieben Monate nach der erstmalig aufgetretenen Deaktivierung des Generators ein Treffen zustande.

Während dieser Zeit fiel die Neurostimulation weitere ca. sechs Mal aus. Abgesehen von den unangenehmen körperlichen Symptomen, die infolgedessen auftraten, nahm meine Angst vor einer erneuten Operation zu.

Der Termin rückte näher und mit ihm auch meine Erwartung, endlich Klarheit über diese mysteriöse Deaktivierung des Impulsgebers zu bekommen.

Der Vertreter des Herstellers begann mit der Überprüfung der einzelnen Funktionen meines Generators, indem er den Steuermagneten seines Programmiergerätes über mein Implantat legte. Binnen kürzester Zeit – ich denke, es hat nicht länger als eine Minute gedauert –, hatte er den Fehler gefunden.

Er erklärte kurz und knapp, dass eine Funktion des Neurostimulators, die eigentlich nach der Operation hätte deaktiviert werden müssen, leider noch immer eingeschaltet sei und mir dieses Problem beschert habe. Von Seiten des Werkes bzw. des Herstellers sei diese Funktion, dass der Generator hochsensibel auf elektromagnetische Felder reagiere, voreingestellt. Diese hätte nach der Operation aber wieder ausgeschaltet werden müssen, was aber offenbar nicht geschehen sei. Aus diesem Grund habe sich der Impulsgenerator immer dann ausgeschaltet, wenn er durch solche elektromagnetischen Felder gestört worden sei. So zum Beispiel im Museum, wo die Stimulation an den Sicherheitsschranken aussetzte. Die übrigen Male war ich möglicherweise in Geschäften oder anderen Einrichtungen zu nah an den Sicherheitsschranken vorbei gegangen, so dass der Impulsgeber auch dort von den entstehenden magnetischen Feldern gestört wurde und sich selbstständig ausschaltete. Man bezeichnet diese Wechselwirkungen auch als elektromagnetische Interferenzen.

Mit der Bedienung von nur einer Einstelltaste ließ sich das Problem der sporadisch auftretenden Deaktivierung des Neurostimulators wieder beheben. Verständlicherweise war ich anschließend ebenso verärgert (wegen der Schusseligkeit bei der Implantierung) wie auch froh und erleichtert (wegen der Vermeidung eines erneuten chirurgischen Eingriffs).

36. Neuentwicklungen auf dem Gebiet der THS

Von außen aufladbare Impulsgeneratoren

An der Verbesserung der Implantate (Impulsgenerator, Kabel und Elektroden), sowohl bezüglich der Leistungsoptimierung, der leichteren Handhabung, als auch der Verminderung der Störanfälligkeit der Stimulatoren wird kontinuierlich gearbeitet. So wurde ein von außen aufladbarer Impulsgenerator entwickelt, »Rechargeable Cell« oder auch »Activa RC« genannt, der eine längere Lebensdauer als das bisherige Gerät hat und somit nicht schon alle vier bis sieben Jahre ausgetauscht werden braucht, sondern ca. erst nach 8-10 Jahren. Dadurch können die Komplikationen, die bei einem Generatoraustausch immerhin bei etwa 20% der Fälle auftreten, vermindert werden. Außerdem wiegt das Gerät nur 40 Gramm und ist in seinen Abmessungen kleiner als sein Vorgänger, der Kinetra, der jetzt nicht mehr hergestellt wird.
Allerdings scheint es Probleme mit der Handhabung auch nach der Implantation dieses neuen Gerätes zu geben. Es gibt Patienten, die die offenbar recht zeitaufwändige Handhabung des mit einem Akkumulator versehenen Impulsgebers ablehnen und für die es überdies kein erbauliches Gefühl darstellt, entweder täglich für kurze Zeit oder wöchentlich einige Stunden das Batterieaggregat des implantierten Hirnschrittmachers aufzuladen, indem ein spezielles Ladegerät an den Stromkreis angeschlossen und über dem Neurostimulator positioniert wird. Bei Reisen oder Klinikaufenthalten muss das Equipment zum Aufladen der Batterie mitgeführt werden.
Für manchen Patienten stellt dieser regelmäßige, häufige »Ladevorgang« eine enorme psychische Belastung dar, da er immer wieder daran erinnert wird, dass seine Gesundheit stark in Mitleidenschaft gezogen ist und dass sein Wohlbefinden maßgeblich von der Technik (fremd-)bestimmt wird. Immer dann, wenn er den Batteriestatus wieder auffüllen muss, erlebt er am eigenen Leibe, dass er nur funktioniert, sprich: beweglich ist, wenn er diese Fremdsteuerung zulässt.
Je nach Symptomatik der Krankheit und nach Krankheitsfortschritt bedarf der Patient außerdem der Hilfe beim Aufladen der Batterie, zum Beispiel wenn er sich in einer off-Phase befindet, also steif und unbeweglich ist, und sich nicht das notwendige Equipment herbeiholen kann oder wenn sein Tremor so stark ausgeprägt ist, dass er den Ladevorgang erheblich stört.
Eine besondere Stellung nimmt hier der junge, sich im Frühstadium der Krankheit

befindliche »Parki« ein. Wegen der noch vor ihm liegenden langen Therapiedauer und um einen allzu häufigen Austausch des Batterieaggregates zu vermeiden, scheint für ihn der wieder aufladbare Impulsgeber geeignet, denn vermutlich kann ein junger Mensch leichter mit dem Ladeequipment umgehen bzw. zurecht kommen als ein älterer Kranker, der mit neuen technischen Geräten weniger vertraut ist. Ein nicht unwesentliches Problem bleibt dennoch bestehen: Bei mehrmaligem Versäumnis, die Batterie aufzuladen, droht die Gefahr, dass der Generator automatisch seine Aktivität einstellt.

Therapiesteuergeräte mit Display und elastische Kabel

Ein weiterer Fortschritt bei der Entwicklung neuer Impulsgeber ist mit der Herstellung elastischer Kabel und einem kleineren Impulsgenerator gelungen, der außerdem über ein Therapie- bzw. Handsteuergerät mit Display verfügt, mit dem wichtige Einstellungseckdaten lesbar gemacht werden können.
Das neu entwickelte Kabel ist so elastisch, dass man es ähnlich wie ein Gummiband auseinander ziehen bzw. dehnen kann. Ein Kabelriss oder -bruch scheint damit weitgehend ausgeschlossen. Dennoch bleibt zu bemängeln, dass es dieses Kabel derzeit nur in zwei Längen gibt. Wird ein zu kurzes Kabel implantiert, das ständig unter Spannung steht, so besteht die Gefahr, dass es sich vom Generator abtrennt bzw. löst. Tritt dieser Fall ein, so liegt zwar kein wirklicher Kabelbruch vor, aber die Konsequenz dieser Abtrennung ist für den Patienten die gleiche: Er fällt relativ schnell in eine off-Phase. Er wird je nach vorherrschender Parkinsonsymptomatik unbeweglich (Rigor) oder stark verlangsamt (Akinese), er zittert unablässig (Tremor) oder zeigt die gesamte Bandbreite der Symptome.
Wird ein zu langes Kabel implantiert, so kann es zu Verschlingungen kommen, die das Kabel »verknoten« und damit die Stromzufuhr unterbrechen können.
Ein neues, nicht von außen aufladbares Generator-Modell mit dem Namen »Activa PC« oder »Activa Primary Cell« fällt zwar deutlich kleiner aus (um 24%) als die bisherigen Impulsgeber, kann jedoch bei bereits Operierten, die ein Kinetra-Modell tragen, nicht an die vorhandenen Kabelverbindungen angeschlossen werden. Deshalb wurde hierfür eigens ein Adapter entwickelt.
Nachteilig ist, dass zusätzlich zum Impulsgeber ein Adapter mit implantiert werden muss, so dass zwei Geräte verpflanzt werden, die zusammen genommen mindestens so viel Platz benötigen wie der bisherige Kinetra, der wie oben bereits erwähnt wurde, nicht mehr hergestellt wird. Weil beide Geräte gleich unter der Haut eingesetzt

werden, sind sie auch eher sichtbar als nur das eine alte Modell eines Neurostimulators. Wobei dies maßgeblich davon abhängt, wie schlank oder wie dick der Patient ist: Bei korpulenten Personen kann der Generator nebst Adapter ins Fettgewebe eingelassen werden und ist dann kaum sichtbar.
Positiv zu bewerten ist die Möglichkeit, die alten Kabel durch neue austauschen zu lassen, so dass die Implantation eines Adapters unnötig wird.
Aber auch in diesem Fall können Komplikationen während der Operation auftreten: Als ich wegen meines Kabelbruchs (siehe Kapitel 27), ein neues Kabel bekommen musste, wies das Narbengewebe an der Stelle, an dem der Connector sitzt (das Verbindungsstück zwischen Elektroden und Kabeln, die zum Generator führen – meist hinter dem Ohr implantiert), schon heftige Verwachsungen auf, obwohl die Tiefe Hirnstimulation erst acht Monate zurücklag. Solche Verwachsungen muss der Arzt bei einem chirurgischen Eingriff erst sorgfältig lösen und es besteht dabei die Gefahr, die Elektroden zu verletzen und folglich neue setzen zu müssen oder mit anderen Worten: die THS erneut vorzunehmen. Im geschilderten Fall hieße das: Revision der vorhandenen Elektroden, bevor neue Elektroden implantiert werden könnten.

8-polige Elektroden

Seit Ende 2010 gibt es 8-polige Elektroden, die den Vorteil einer effizienteren Feineinstellung der Stimulation bieten, da unangenehme Nebenwirkungen der Stimulation aufgrund von vier zusätzlichen Kontaktmöglichkeiten pro Elektrode weigehend ausgeschlossen werden können.
Die positiven Effekte all dieser Neuentwicklungen sind ihre differenzierten Programmiermöglichkeiten, die dem Arzt zur Verfügung stehen.
Die neuen Therapie-Steuergeräte sind überdies kleiner, leichter und damit handlicher als die älteren Vorgängermodelle. Zudem verfügen sie, wie schon erwähnt, über ein Display, das dem Patienten nützliche Informationen geben kann.
Allerdings ist die Voraussetzung für die Nutzung eines neues Therapiesteuergerät die Kompatibilität mit dem Generatormodell. Die Steuergeräte sind nicht beliebig bei jedem Generator einsetzbar. Mit anderen Worten: Zu einem neuartigen Neurostimulator gehört immer auch das entsprechende Therapiesteuergerät. Ein Therapiesteuergerät der jüngsten Generation kann folglich nicht für die Feinjustierung eines herkömmlichen Kinetra-Generators benutzt werden.

37. Die frühe THS

Über den optimalen Zeitpunkt der THS wird heftig gestritten. Die einen argumentieren, die THS solle dann erfolgen, wenn der Leidensdruck des Betroffenen groß genug ist, das heißt, wenn die Parkinsonsymptomatik weit fortgeschritten ist und alle bisherigen Therapieformen bereits ausgereizt sind und nicht mehr greifen. Andere vertreten die Meinung, die THS so früh wie möglich durchzuführen, um bessere Therapieerfolge erzielen zu können.
Die Vertreter einer frühen THS kehren die Argumente der Gegenseite geradezu um, indem sie die den neurochirurgischen Eingriff besonders für jene Patienten ratsam finden, die noch nicht austherapiert sind, die sich in einem Stadium der Krankheit befinden, in dem die Symptome noch nicht extrem ausgeprägt sind und die Betroffenen in ihrer Lebensgestaltung noch nicht sehr eingeschränkt sind. In einem solchen Fall versprechen sich die Befürworter gute Chancen für eine erfolgreiche Operation.
Viele Probleme der schon lange an Morbus Parkinson Erkrankten haben die relativ Neu-Erkrankten oft noch nicht. Als Beispiel wird die psycho-soziale Situation des Patienten ins Feld geführt. Es ist kein Geheimnis, dass etliche Parkinson-Kranke sich wegen ihrer vielfältigen Symptome, die sie lieber verstecken als sie den Mitmenschen zu zeigen, aus der Öffentlichkeit zurückziehen. Zu diesen Symptomen gehören das auffallende Zittern ebenso wie die Laufstörungen oder ein unsicherer, manchmal gar taumelnder Gang, der dem Kranken nicht selten das Stigma eines Alkoholikers einbringt.
Ein Problem unserer hochtechnisierten, schnelllebigen, auf manchmal zweifelhafte Effizienz getrimmten »zivilisierten« Gesellschaft ist es, dass der behinderte Mensch leicht der Gefahr ausgesetzt ist, ausgegrenzt und in eine Randposition gedrängt zu werden, weil er eben nicht so »funktioniert«, wie es verschiedene gesellschaftliche Kräfte von ihm erwarten.
Besonders der Parkinson-Kranke scheint wegen seiner starken Verlangsamung, seinem Zittern und seinen vielen motorischen Störungen nicht in diese Welt zu passen. Er fällt unangenehm auf, möchte aber lieber auch gut »funktionieren«, um, wie es im Naturell eines jeden Menschen begründet liegt, ein gewisses Maß an Anerkennung zu bekommen. Geschieht dies nicht oder hat er diese Anerkennung tatsächlich oder auch nur vermeintlich verloren, neigt er oftmals dazu, sich zurückzuziehen und sich schließlich sozial zu isolieren. Als soziales Wesen ist der Mensch allerdings auf zwischenmenschliche Kontakte angewiesen. Bricht er diese ab, indem

er seinen Rückzug aus der Gesellschaft forciert, dann sind von diesem Verhalten, dieser Abwendung auch seine engste Familie und sein Partner/seine Partnerin betroffen.

Der sozial Isolierte kann leicht in einen Teufelskreis neuer Probleme geraten: Unzufriedenheit, depressive Verstimmung, Angststörungen, aggressive Ausbrüche, Rückzug, zunehmender Verlust der Kommunikationsbereitschaft und -fähigkeit usw. Diesem Sog in die Isolation müssen sich Partner, Verwandte und Freunde des so agierenden Parkinson-Kranken entziehen, wollen sie nicht ebenfalls Opfer der sozialen Isolation mit allen unangenehmen Konsequenzen werden. In einer solchen Situation kann es auch zum Auseinanderbrechen von Partnerschaften und Familien, zur Trennung von Angehörigen und Freunden kommen.

Depressive Verstimmungen, Angststörungen oder Halluzinationen sowie Spielsucht oder erotische Fehlentwicklungen (Sexsucht) können auch durch die verschiedenen Medikamente ausgelöst werden, die Parkinson-Kranke einnehmen müssen.

Solchen Problemen (soziale Isolation, Depressionen, Angststörungen, Suchtverhalten etc.) will die frühe THS vorbeugen, da sie nicht nur zur Verbesserung der Parkinson-Symptomatik führt, sondern meist auch zu einer erheblichen Reduzierung der Tablettenmenge.

Es sind sicherlich keine unlauteren Motive, wenn Kliniken bzw. Ärzte oder andere auf dem Gebiet der Neurostimulation Forschende eine frühe THS propagieren, denn es gibt hinreichend Gründe, die THS früh durchzuführen.

Dem Hersteller der Neurostimulatoren wird von einigen Kritikern zum Vorwurf gemacht, dass sie sich zu sehr von ökonomischen Motiven leiten lasse, wenn sie eine frühe THS duldet.

Ich denke, dass diese Vorwürfe kein hinreichender Grund dafür sein können, die frühe THS von vorn herein abzulehnen.

Warum sollte man einem Parkinson-Kranken nicht die Chance geben, sich frühzeitig operieren zu lassen, um ihm eine lange Leidenszeit zu ersparen? Was kann daran denn schlecht sein, wenn die sonstigen (in früheren Kapiteln dieses Buches diskutierten) Voraussetzungen gegeben sind?

Eine zur frühen THS in Deutschland und Frankreich durchgeführte Untersuchung, die Earlystim-Studie, brachte zum Beispiel folgendes Ergebnis: Die medikamentöse Therapie hinkt der THS schon zu Beginn der ersten motorischen, nicht mehr gut zu kontrollierenden Störungen eines an Parkinson Erkrankten um zwei Jahre hinterher bzw. ist die THS der medikamentösen Behandlung weit überlegen. Insgesamt zeigte sich, bezogen auf Lebensqualität, soziale Einbindung und Berufsfähigkeit,

dass die frühe THS eine sinnvolle Alternative zur herkömmlichen Behandlung eines Parkinson-Patienten darstellt, mehr noch, dass eine Entscheidung für die frühe THS den weiteren Verlauf der Parkinsonschen Krankheit günstig beeinflusst.
Natürlich darf niemand unzulässig zu einer solchen ja schwerwiegenden Operation gedrängt werden. Was der Patient auf jeden Fall erwarten darf, ist eine sachgerechte Aufklärung über (soweit bekannt) alle Chancen und Risiken des Eingriffs selbst und im Hinblick auf sein künftiges Leben mit der Krankheit Morbus Parkinson. Letztlich bleibt es immer die eigene Entscheidung des Betroffenen, ob er sich früh, spät oder gar nicht der THS unterziehen will.

38. Ausblick: Forderungen für eine gelingende THS

Die Nachsorge im Anschluss an die THS weist noch eine Reihe von Unzulänglichkeiten und Mängeln auf, die es dringend zu beheben gilt.
Zunächst möchte ich darauf hinweisen, dass die THS und die Nachsorge eine unbedingte Einheit bilden und dass das eine ohne das andere wenig sinnvoll ist. Die Tiefe-Hirn-Stimulation als komplizierte und überdies sehr teure Operation bringt keine Besserung der Parkinson-Symptomatik, wenn sich nicht die erforderliche Feineinstellung des Neurostimulators daran anschließt.
Nicht wie sonst bei Operationen, ist das Problem mit dem operativen Eingriff behoben, wie etwa bei einer Gallenblasenoperation, bei der die Gallensteine entfernt und der Patient von den schmerzhaften Gallenkoliken befreit ist. Er ist sozusagen wieder gesund. Eine Fraktur des Armes kann durch eine Operation beseitigt werden. Der Patient ist wieder gesund.
Das gilt allerdings nicht für die THS. Nach dieser Operation setzt eine positive Wirkung erst ein, wenn der implantierte Generator eingeschaltet wird und wenn nach mühseliger Kleinarbeit die Feinjustierung des Gerätes, ganz individuell auf den Parkinson-Patienten und seine Symptomatik bezogen, vorgenommen wurde. Gesund wird der Patient nicht.

Forderungen an die Krankenkassen

Es ist notwendig und unverzichtbar, dass sich die verantwortlichen Entscheidungsträger mit der Parkinsonschen Krankheit auseinandersetzen. Sie müssen Kenntnisse

über die vielfältigen Symptome, über unterschiedliche Verlaufsformen, über Behandlungsmethoden (einschließlich der THS) haben, um einen Einblick in die gesundheitlichen Einschränkungen des Erkrankten zu bekommen. Nur so kann es zu sachgerechten und dem einzelnen Patienten und seiner spezifischen Situation gerecht werdenden Entscheidungen kommen.
Die Rehabilitationsmaßnahmen nach erfolgter THS sollten von den Kassen grundsätzlich als notwendige Anschlussheilbehandlung anerkannt werden. Die Kosten dafür sind von der Krankenversicherung zu übernehmen. THS und Nachsorge (Feinjustierung des Neurostimulators) sind als eine zusammengehörige, nicht trennbare Behandlung zu sehen.

Forderung an die Ärzte

Der von seinem funktionsgerecht und optimal arbeitenden Implantat stark abhängige Patient darf von den Fachärzten und dem medizinischen Fachpersonal, das mit der Feineinstellung des Impulsgebers betraut ist, erwarten, dass sie die umfangreichen Möglichkeiten der Steuerung eines Neurostimulators vorab studieren, sich praxisnah in die Thematik einführen lassen, sich kontinuierlich über Neuentwicklungen und Forschungsergebnisse in diesem Bereich informieren und austauschen, um auf die Anliegen der Patienten sensibel reagieren zu können.
Gute Beispiele zeigen, wie außerordentlich hilfreich und vertrauensbildend es ist, wenn das medizinische Fachpersonal den regelmäßigen Erfahrungsaustausch nicht zuletzt auch mit Patientengruppen/Selbsthilfegruppen sucht, hier also auch mit Leuten, die eine THS hinter sich haben und Alltagserfahrungen in einen Dialog einbringen können.
Insbesondere im Bereich der Feinjustierung des Impulsgenerators ließe sich noch einiges verbessern.
Es hat den Anschein, dass eine Reihe von Neurologen (auch solche, die auf die Parkinson-Krankheit spezialisiert sind und mit dem Programmier-Steuergerät für Patienten mit THS theoretisch vertraut zu sein scheinen) mit der Einstellung der Impulsgeber überfordert sind.
Ein an Morbus Parkinson erkrankter Freund mit THS hat die Erfahrung gemacht, dass sein Gesundheitszustand und die Möglichkeiten seiner Stimulation in unterschiedlichen Kliniken unterschiedlich beurteilt wurden. Eine Reaktion war, ihn nach Hause zu schicken, weil eine Verbesserung seiner aktuellen Parkinson-Symptomatik mit Hilfe einer geänderten Feineinstellung ausgeschlossen bzw. der Spiel-

raum ausgereizt sei. (»Wir können an der Einstellung nichts mehr ändern, womit wir einen positiven Effekt erzielen könnten.«). Die Ärzte einer anderen Klinik vertraten die Meinung, dass sich sein Zustand durchaus verbessern ließe, indem die Hertz-Zahl des Neurostimulators geändert werden sollte. Tatsächlich kann mein Bekannter wesentlich besser laufen und sprechen als zuvor. Offenbar waren die Ärzte in der erstgenannten Klinik mit »ihrem Latein am Ende«, während die Spezialisten in der zweiten Klinik noch Möglichkeiten der Verbesserung der Einstellung gesehen und gefunden haben.

(Ich erinnere an dieser Stelle an den in Kapitel 32 geschilderten Fall eines Patienten, bei dem die Ärzte die Einstellung der rechten und der linken Körperhälfte vertauscht hatten.)

Es scheint derzeit eher wenige Ärzte zu geben, die über die vielfältigen Möglichkeiten des Programmier-Steuergerätes umfassend informiert sind und die ihre Kenntnisse auch tatsächlich in die Praxis der Feinjustierung umsetzen können.

Die Operationsmethode der THS scheint selbst unter Ärzten und dem Krankenpflegepersonal noch nicht ausreichend bekannt zu sein. Bei zahlreichen Arztbesuchen und Krankenhausaufenthalten wurde mir immer wieder großes Erstaunen über die Existenz einer solchen Behandlungsmethode entgegengebracht. Ich kam mir manchmal wie das achte Weltwunder vor, weil Ärzte oder Pfleger und Pflegerinnen meine ungewöhnliche« Operation gleich ihren Kollegen zeigen mussten, die sich genauso verwundert diese Operationstechnik von mir erklären ließen.

Und es waren zu meinem Erstaunen vornehmlich junge Mediziner, denen ich die THS erläutern musste, weil sie noch nie davon gehört hatten oder nur sehr diffuse Vorstellungen von einer solchen Operation hatten. Ich frage mich, ob Medizinstudenten in ihrem Studium oder in ihrer praktischen Ausbildung über dieses Krankheitsbild zu wenig erfahren. Jedenfalls besteht hier dringender Handlungsbedarf.

Noch kürzlich fragte mich im Krankenhaus eine junge Ärztin: »Und wie nennt man diese Operation?« Entsetzt, wenn nicht schockiert über den im Oberbauch von außen sichtbaren Impulsgeber, meinte sie: »Was ist das denn?« Als ich ihr antwortete, dass das ein Impulsgenerator bzw. Hirnschrittmacher sei, wollte sie wissen: »Und was macht der?« Nach meinen erklärenden Worten rief sie gleich einige Kollegen herbei, denen sie diese »Attraktion« zeigen wollte. Die herbeigeeilten Ärzte waren nicht minder erstaunt über diese Operationstechnik. Ein junger Arzt, der sich für gut informiert hielt, meinte: »Ach ja, ich kenne diese neuartige Behandlungsmethode. Es gibt sie ja erst seit etwa ein bis zwei Jahren.« Diese Behauptung ist jedoch grundfalsch, und deshalb stellte ich klar, dass die THS bei Parkinson-Kranken schon seit Anfang der 90er Jahre durchgeführt werde. Genauer gesagt: Eine entsprechende Operation wurde erstmals 1987 in Frankreich mit einem Hirnschrittmacher der Herstellerfirma durchgeführt.

Es erscheint notwendig, sowohl in der Phase des Hochschulstudiums, als auch in der praktischen Aus- und Fortbildung von Medizinern, das Parkinson-Syndrom intensiver in den Blick zu nehmen und seine Behandlungsmethoden zu reflektieren. Bei einer Patientenzahl, die allein in Deutschland in die Hunderttausende geht, wohl keine unbillige Forderung.

Um nicht wegen jeder kleineren Veränderung der Stimulationsparameter lange Wartezeiten auf sich nehmen und weite Entfernungen überwinden zu müssen, sollten sich auch niedergelassene Neurologen mit der THS und den vielfältigen Möglichkeiten der Programmierung vertraut machen, damit die THS-Patienten wohnortsnah und kurzfristig fachgerecht versorgt werden können. Voraussetzung dafür ist natürlich, dass der niedergelassene Arzt ein Programmiersteuergerät besitzt und dieses auch adäquat einsetzen kann.

Forderung an den Gerätehersteller

Eine Forderung, die sich unmittelbar aus der letzten ableiten lässt, richtet sich an die Firma, die die Neurostimulatoren herstellt. Sie muss in Fortbildungsveranstaltungen Ärzte in die Handhabung und vielfältigen Nutzungsmöglichkeiten der Programmier-Steuergeräte und Therapie-Steuergeräte einweisen und die Neuerungen in diesem Bereich dezidiert erklären, das heißt: die Neuentwicklungen mit allen Vor- und Nachteilen bzw. Problemen, die den Patienten mit diesen Implantaten betreffen können, vorstellen und kritisch reflektieren.

Es wäre begrüßenswert, wenn es zu einem verstärkten Dialog zwischen dem Gerätehersteller und »THS-erfahrenen« Patienten kommen würde. Auch Gespräche mit Vertretern von Selbsthilfegruppen, die mit der Materie vertraut sind, wären wünschenswert. Von einem solchen Austausch könnten beide Seiten profitieren.

Weiterhin mangelt es an präzisen und umfangreichen Informationen darüber, welche Verhaltensweisen und Untersuchungsmethoden nach erfolgter THS erlaubt bzw. untersagt sind. (Beispiel: Saunabesuche, s. Kap. 33) Hier sind Hersteller wie Ärzte gefordert. Besonders im Hinblick auf spätere medizinische Behandlungsmethoden wird der Patient im Vorfeld der THS entweder gar nicht oder nur unzureichend aufgeklärt. (Beispiel: MRT, s. Kap. 33).

In der Regel erhält der Patient nach erfolgter THS mit seinem Therapiesteuergerät eine Handreichung des Herstellers, die er als Lektüre mit nach Hause nehmen soll. Zwar sind hierin wichtige Informationen und Erläuterungen enthalten, aber sie kommen doch reichlich spät.

Ein Freund, der sich der THS unterzogen hatte, äußerte, hätte er gewusst, dass eine MRT nach der Implantation seines Kintera-Impulsgebers nicht ohne weiteres möglich ist, hätte er wegen seiner starken Rückenprobleme diese vor der Operation durchführen lassen, um noch einmal ein aktuelles Röntgenbild bzw. eine Schichtaufnahme für spätere mögliche Behandlungen zu haben.

Glücklicherweise lassen die neuen Activa-Hirnstimulatoren wenigstens schon einmal die Durchführung von Kopf- MRT-Untersuchungen zu. Allerdings sind Magnetresonanztomographien von anderen Körperregionen noch nicht erlaubt. Hierzu laufen derzeit (Stand: April 2013) noch Testverfahren.

Eine wesentliche Forderung an Ärzte und die Herstellerfirma ist, eine intensive und umfassende Vorbereitung der zukünftigen THS-Patienten zu gewährleisten und im Vorfeld einer solchen Operation mehr Aufklärung zu betreiben. Wünschenswert ist es, eine Liste zu erarbeiten, die Auskunft über 1. mögliche, 2. nicht ratsame und 3. untersagte Behandlungsmethoden nach der THS gibt. Damit hat der Patient im Falle, dass er sich in ärztliche Behandlung begeben muss, gleich eine fachlich qualifizierte Ausführung zur Hand, und er muss nicht wegen etwaiger falscher Behandlungsmethoden um seine Stimulation bangen. Hierfür ist eine enge Zusammenarbeit und Absprache der Parkinsonärzte und der Herstellerfirma erforderlich.

Einer weiteren Forderung, präzise Angaben über den Batteriestatus des Impulsgebers machen können, hat der Hersteller bereits entsprochen, indem er mit der neu entwickelten Activa-Produktfamilie auch die Patientensteuergeräte verbessert hat, die sowohl dem Parkinson-Kranken als auch dem Arzt bessere Möglichkeiten geben, den Batterieverbrauch genauer als bisher möglich zu bestimmen.

Forderung an die Verantwortlichen in Politik und Wirtschaft

Abschließend sei noch darauf hingewiesen, dass es – wie in vielen anderen Bereichen auch – an den notwendigen Forschungs- und Fördergeldern fehlt. Ich glaube, dass gerade auf dem Gebiet der Neurochirurgie und aller mit ihr zusammenhängenden Bereiche noch ein großer Mangel an Fachärzten und sonstigem medizinischen Fachpersonal herrscht.

Praktisch zeigt sich dies an einer Wartezeit von nicht selten acht Monaten, bis der

Kranke einen Operationstermin bekommt. Das Pflegepersonal auf den neurochirurgischen und den neurologischen Stationen der Krankenhäuser ist ebenso überlastet wie das Personal in den neurologischen Arztpraxen. Hier müssen die zuständigen Ministerien und Behörden auf Bundes- und Landesebene zusammen mit den Hochschulen aktiv werden, um eine quantitativ und qualitativ bedarfsgerechte Ausbildung sicherzustellen. Wartezeiten für dringend erforderliche Operationen und Behandlungen sind auf ein Minimum zu reduzieren. Wo immer häufiger die THS durchgeführt wird, müssen auch die entsprechenden Voraussetzungen und Rahmenbedingungen für diese Operationstechnik geschaffen werden, genauso wie die Möglichkeiten einer angemessenen Nachsorge. Es ist doch paradox, dass einerseits immer mehr Kliniken diese komplizierte Operation anbieten und andererseits der Patient immer länger auf einen Operationstermin warten muss.
Das gleiche gilt für die Jahreskontrollen nach erfolgter THS. Ich habe mich beispielsweise in einer Klinik meiner Heimatstadt, die diese Operationsverfahren erst seit kurzem anbietet, um einen Termin für eine Jahreskontrolle bemüht, wurde allerdings sofort abgewiesen mit dem Hinweis, dass für neue Patienten ein Aufnahmestopp bestehe, da die Kapazität der Abteilung ausgeschöpft sei. In dem Krankenhaus, in dem ich für gewöhnlich die Jahreskontrollen hatte durchführen lassen, erhielt ich einen Termin, auf den ich dann vier Monate warten musste.
Wenn zusätzliche Standorte einen THS-Eingriff anbieten (was ja grundsätzlich begrüßenswert ist), dann erfordert eine gelingende THS aber auch die Bereitstellung entsprechender Rahmenbedingungen mit ausreichendem und geschultem Fachpersonal, mit durchdachtem System an Vor- und Nachsorge. Eine gelingende THS also kostet Geld. Gerade angesichts der im Gesundheitswesen angestrebten Sparmaßnahmen ist es gut angelegtes Geld, wenn bei der THS von vorneherein auf Qualität des Handels geachtet wird und der Patient als Individuum im Focus steht. Dies steht ganz und gar nicht im Widerspruch zu wirtschaftlichem Handeln.
Die oben ausgeführten Kritikpunkte und Forderungen erheben keinen Anspruch auf Vollständigkeit. Sie sind meiner persönlichen Erfahrung entsprungen und sollen lediglich einige mir aufgefallene Mängel und Unzulänglichkeiten auf dem Gebiet der THS, ihrer Vorbereitung und Nachsorge, benennen und beheben helfen.

39. Danksagung

Dass dieses Buch entstanden ist, habe ich all den Lesern zu verdanken, die mich nach der Lektüre meiner ersten Schrift »neugeboren – Antwort auf ein Leben mit Parkinson« gebeten und ermutigt haben, die Zeit nach der THS näher in den Blick zu nehmen. Diesem Wunsch komme ich mit dem vorliegenden, umfassend erweiterten und ergänzten Buch »Impulse für ein neues Leben – Antwort auf ein Leben mit Parkinson« nach und hoffe, dass ich die Erwartungen der Leser damit erfüllen kann.
Mein besonderer Dank gilt meinem Mann und einer ebenfalls betroffenen Parkinson- Kranken, Anna Wegener, die beide das Manuskript dieses vorliegenden Buches gelesen und wichtige Anregungen für den Inhalt gegeben haben.

Glossar

Agonist: Substanz, die die Wirkung eines Botenstoffs (Transmitter) nachahmt

Akinese: Bewegungsarmut, Bewegungsverlangsamung, Unbeweglichkeit

Akku(mulator): Stromspeicher, z. B. wieder aufladbare Batterie

Amantadin: Mittel in der Parkinson-Therapie, das ursprünglich als wirksames Mittel gegen Grippe-Viren eingesetzt wurde und deutliche Gehverbesserungen bei den Patienten hervorruft.

Amplitude: Schwingungsweite

Apomorphin-Pumpe: Behandlungsmethode bei Parkinson-Kranken im fortgeschrittenen Krankheitsstadium, Zuführung eines Dopamin-Agonisten aus einer Pumpe durch eine Nadel in das Gewebe

Botenstoffe: vom Körper hergestellte Substanzen, die maßgeblich am Informationsaustausch der Nerven beteiligt sind.

Bradykinese: Bewegungsarmut

Computertomographie (CT): bildgebendes bzw. röntgendiagnostisches Verfahren. Der menschliche Körper wird hierbei in Schichten geröntgt und dargestellt. (Schichtaufnahmeverfahren)

Connector: Zusammenführung elektrischer Kabel

degenerativ: von der Norm abweichend (meist in Richtung Funktionsminderung), z.B. bei Zellen: (Teil-) Schädigung, Rückbildung,

Diathermie: Tiefenerwärmung des Körpers, Behandlung mit elektromagnetischen Schwingungen

Dopamin: Botenstoff (Neurotransmitter), der u.a. die normalen Bewegungsabläufe des Menschen ermöglicht

Dopamin-Agonist: wird nicht wie L- Dopa im Körper umgewandelt, sondern wirkt direkt im Gehirn und ähnlich wie Dopamin

Duo-Dopa-Pumpe: Behandlungsmethode bei Parkinson-Kranken im fortgeschrittenen Krankheitsstadium, Zuführung von L-Dopa durch eine Darmsonde

Dyskinesien: unwillkürliche, abnorme Bewegungen, überschlagende Bewegungen, meist Spätfolge langzeitiger Tabletteneinnahme von Parkinsonmitteln

Sir James, der ungebetene Gast

Ein Parkinson-Lesebuch

Dieses Lesebuch öffnet die Türen zu einem ganz eigenen Erfahrungsraum. Es sind, wie eben in einem Lese-Buch, Geschichten, Gedichte, Anekdoten, heitere und besinnliche, fröhliche und traurige, die den Leser und die Leserin erwarten. Aber es sind Autoren/innen, die hier zu Wort kommen, die miteinander ein Schicksal und eine Geschichte teilen: Sie alle sind chronisch krank, betroffen von der Parkinson'schen Krankheit.
Parkinson, so ist das Wesen der Krankheit, schränkt ein, in der Bewegung und Beweglichkeit, in der Steuerung von Verhaltensabläufen, im mimischen und gestischen Ausdruck, in der seelischen Stabilität. Manchmal in genau auch solchen Fähigkeiten, die für kreatives Handeln gebraucht werden. Das ist die persönliche Begrenzung – aber sie ist eben nicht der ganze Mensch mit seinen Ressourcen und Möglichkeiten. Die VerfasserInnen beschreiben partnerschaftliche und familiäre Beziehungen, aktive Kommentierungen zum Alltagsgeschehen. Sie vermitteln Freude und Wut, Lachen und Lebenskraft, Ironie und Humor, einfach die ganze Bandbreite der Gefühls- und Gedankenwelt. Dabei variieren die stilistischen Mittel zwischen Prosa und Lyrik, Tagebuch ähnlichen Notizen, Gedankenfetzen, reichen von prächtiger Naturlyrik bis zu komischen oder skurrilen Familienepisoden.
Die Texte sammeln Erfahrungen, in denen die Leser sich spiegeln können, an denen sie sich reiben dürfen, denen sie mit Verstehen und Zustimmung ebenso begegnen mögen wie mit Fremdheit und Befremdung.
Schließlich soll das Buch einfach auch unterhalten, es soll erzählen, in seinen Bann ziehen, ein bischen Schmökern draußen im Garten oder in der gemütlichen Couchecke erlauben, zum Entspannen, Innehalten, Durchatmen, Schmunzeln.

ISBN 978-3-937507-14-9 · Taschenbuch · 168 Seiten · zahlr. Abb.
Heiner Labonde Verlag · Feilenhauerstraße 44 · 41515 Grevenbroich

www.labonde-verlag.de

Dystonien: Muskelverspannungen bzw. -krämpfe; Nebenwirkung der Parkinsonmedikamente oder aufgrund von Unterdosierung der Medikamente

Elektrokoagulation: Verfahren zur operativen Zerstörung bestimmter Gewebebezirke durch Hochfrequenzstrom hoher Stromstärke und geringer Spannung

End-of dose-Akinese: verkürzte Wirkungsdauer von Parkinson-Medikamenten

Fluktuationen der Beweglichkeit: plötzlicher unvorhersehbarer Wirkungsverlust der Parkinson Medikamente mit der Folge eines plötzlichen Wechsels von Beweglichkeit und Steifheit

freezing: plötzliche Gang- und Starthemmung bzw. Bewegungsblockade, Füße »kleben am Boden«, Zustand des »Eingefroren-Seins«

Generator: siehe auch Hirnschrittmacher; Impulsgeber oder Impulsgenerator zur Steuerung der Stimulation

Hämatom: Bluterguss

Hirnschrittmacher: Impulsgeber mit Batterie, der schwache elektrische Impulse aussendet und Elektroden, die im Kopf implantiert sind, auf diese Weise steuert

Hyperkinese: übermäßige Bewegungstätigkeit, unwillkürliche Bewegungen einzelner Gliedabschnitte bzw. Körperteile

Hypotonie: Spannung / Erhöhung des Muskeltonus

idiopathisch: ohne erkennbare Ursache entstanden

Impedanz: elektrischer Scheinwiderstand

Impulsgeber/Impulsgenerator: siehe auch Hirnschrittmacher oder Generator oder Neurostimulator

Interferenzen: Wechselwirkungen

juvenil: jugendlich, für junge Menschen charakteristisch bzw. in jungen Jahren auftretend

Kabelbruch: abgeknicktes oder gebrochenes oder verdrehtes Kabel, das den Stromfluss unterbricht

Kabelrevision: Kabelaustausch

L-Dopa: chemische Vorstufe des Botenstoffs Dopamin, wirksames Medikament für die Behandlung von Morbus Parkinson

Lithotripsie: Steinzertrümmerung (Gallen-, Nieren-, Blasensteine) z.B. durch Stoßwellen

Magnet-Resonanz-Tomographie (MRT): Kernspintomographie, bildgebendes Diagnoseverfahren

Mikrographie: außerordentliche Verkleinerung der Schrift, z.B. bei Parkinson-Kranken

Morbus Parkinson: Parkinsonsche Krankheit = neurodegenerative Erkrankung mit fortschreitendem Verlauf, benannt nach seinem Entdecker James Parkinson (Arzt, London 1755 - 1824), Symptome: Bewegungsarmut (=Akinese), Steifheit (=Rigor), Zittern (=Tremor) aufgrund eines Mangels an Dopamin, einem Botenstoff, der normalerweise bei Gesunden in der substantia nigra, einer Region im Mittelhirn, gebildet wird. Ursache: unbekannt

Neurochirurgie: chirurgische Eingriffe ins Gehirn oder in das Nervensystem, z. B. bei Hirnkrankheiten oder -verletzungen

Neurostimulator: siehe auch Generator oder Hirnschrittmacher

Neurotransmitter: Überträgerstoffe oder Botenstoffe

off-Phase: Phase schlechter Beweglichkeit vor Medikamenteneinnahme

on-Phase: Phase guter Beweglichkeit nach Medikamenteneinnahme

progredient: fortschreitend

Rigor: erhöhte Muskelanspannung, Steifheit

substantia nigra: sog. »schwarze Substanz«, Hirnregion im Mittelhirn, in der u.a. der Botenstoff Dopamin produziert wird

Stereotaxie: durch Stereotaxie, einem chirurgischen Eingriff im Gehirn, können Nervenbahnen im Gehirn durchtrennt werden. Damit lässt sich eine Verbesserung der Parkinson-Symptomatik erreichen. Hauptzielsymptom ist der Tremor.

Symptomatik: Gesamtheit der Krankheitszeichen

Symptome: Krankheitszeichen

Tiefenhirnstimulation (THS): wirksame Behandlungsmethode bei fortgeschrittenem Morbus Parkinson, Implantation eines Neurostimulators (Hirnschrittmachers bzw. Impulsgebers oder Generators), meist unterhalb des Brustbeines, von dem aus elektrische Impulse über eine Kabelverbindung zu zwei im Kopf implantierten mehrpoligen Elektroden ausgesendet werden. Diese Impulse werden an eine bestimmte Hirnregion abgegeben und stoppen den Abbau von Zellen, die Dopamin freigeben.

Tremor: Zittern

Therapiesteuergerät: Gerät zum Ein- oder Ausschalten des Impulsgenerators und zur Einstellung der Stimulationsstärke nach erfolgter THS

GEDICHTE

SANDSEIDENBÄNDER

Angela Rechmann, 1953 in Essen geboren, ist verheiratet und Mutter von drei erwachsenen Töchtern. Nach dem Studium der Germanistik und Erziehungswissenschaft an der Universität Bochum unterrichtet sie 20 Jahre lang an einem Mädchengymnasium in Essen. Sie absolviert ein Zusatzstudium in Katholischer Religionslehre und qualifiziert sich als logotherapeutische Fachkraft. Im Alter von 38 Jahren erhält sie die Diagnose Parkinson. Diese neurodegenerative Erkrankung mit progredientem Verlauf führt zur vorzeitigen Pensionierung.

Die Autorin hat an mehrern literarischen Veröffentlichungen mitgewirkt und engagiert sich in der Internet-Selbsthilfegruppe PAoL (www.parkins-on-line.de), indem sie dort das »Sorgentelefon« für Hilfesuchende mit betreut.

Seit gut 30 Jahren schreibt Angela Rechmann Gedichte und andere Texte, intensiviert hat sie diese Leidenschaft seit dem Ausscheiden aus dem Berufsleben. Neben der schriftstellerischen Tätigkeit malt sie: zunächst Aquarelle, dann Ölgemälde. Ihre Texte und Bilder sind Ergebnisse ihrer Auseinandersetzung mit der Krankheit.

Die Gedichte, die meist bilderreich und überdies in sprachlicher Dichte Gedankengänge auf den Punkt bringen, befassen sich mit dem Wort, zeichnen Kindheitserlebnisse, Naturerfahrungen nach, gewähren aber auch Einblicke in die »Auseinandersetzung mit persönlichen Schicksalsschlägen und menschlichen Beziehungen«.

Mit dem Gedichtband **»Sandseidenbänder«** lädt die Autorin ihre Leser ein, sich mit ihr auf eine Reise in menschliche Erfahrungswelten, zu denen Glücksmomente und euphorische Stimmungen ebenso gehören wie traurige Erlebnisse, zu begeben. Auf die immer neuen Herausforderungen, die das Leben an eine/n jede/n von uns stellt, Antwort zu geben, dazu macht Angela Rechmann mit ihren Gedichten immer wieder

ISBN 978-3-937507-18-7 · Taschenbuch · 108 Seiten · mit farb. Abb.
Heiner Labonde Verlag · Feilenhauerstraße 44 · 41515 Grevenbroich

www.labonde-verlag.de